Hikeline

Fernwanderweg

Hermannshöhen®

Hermannsweg • Eggeweg

Unterwegs auf dem Hermannsweg
und dem Eggeweg durch den
Teutoburger Wald ins Sauerland

Hermannshöhen®
Hier läuft das Leben!

Esterbauer

Hikeline®-Wanderführer
Fernwanderweg Hermannshöhen®

A-3751 Rodingersdorf, Hauptstr. 31
Tel.: +43/2983/28982-0, Fax: -500
E-Mail: hikeline@esterbauer.com
www.esterbauer.com

1. Auflage, Sommer 2009
ISBN: 978-3-85000-513-5

Bitte geben Sie bei jeder Korrespondenz die Auflage und die ISBN an!

Dank an alle, die uns bei der Erstellung dieses Buches tatkräftig unterstützt haben.

Das Hikeline-Team:
Heidi Authried, Beatrix Bauer, Markus Belz, Michael Bernhard, Michael Binder, Veronika Bock, Karin Brunner, Sandra Eisner, Roland Esterbauer, Angela Frischauf, Gabi Glasstetter, Melanie Grubmüller, Dagmar Güldenpfennig, Carmen Hager, Heidi Huber, Martina Kreindl, Eveline Müllauer, Gregor Münch, Karin Neichsner, Niki Nowak, Julia Pelikan, Petra Riss, Christian Schlechte, Erik Schmidt, Matthias Thal, Martin Wischin, Wolfgang Zangerl.

Umschlagbild: Gregor Münch
Bildnachweis: Ann Bräuning: S. 106, S. 110, S. 124; Birgit Albrecht: S. 25, S. 42; Bielefeld Marketing GmbH: S. 72, S. 77, S. 80, S. 83, S. 84, S. 86, S. 87, S. 90; Grischa Begaß: S. 96; Gregor Münch: S. 21, S. 26, S. 38, S. 52, S. 105, S. 123, S. 126, S. 128, S. 141, S. 142, S. 144, S. 145, S. 146, S. 148; Kultur Tourismus Marketing Detmold: S. 89, S. 95, S. 100, S. 102; Michael Bernhard: S. 28, S. 115, S. 116, S. 133, S. 134, S. 136, S. 137, S. 138; OstWestfalenLippeMarketing GmbH: S. 108, S. 34, S. 56, S. 60, S. 69, S. 90, S. 112, S. 118; Stadt Dissen: S. 59, S. 62; Stadt Lage: S. 98; Stadt Willebadessen: S. 130, S. 134; Stefan Möller: S. 78; Tecklenburg Touristik: S. 42, S. 44, S. 47, S. 48; Thorsten Gräbedünkel: S. 33, S. 36, S. 40; TI Lengerich: S. 50; Verkehrsverein Rheine: S. 22; Veronika Bock: S. 26

Kartografie erstellt mit axpand
(www.axes-systems.com)

961gmmib

Vorwort

Die Wanderung auf dem Fernwanderweg Hermannshöhen führt Sie auf zwei historischen Kammwegen, dem Hermannsweg (156 km) und dem Eggeweg (72 km), von Rheine an der Ems über die Stadt Bielefeld bis ins sauerländische Marsberg an der Diemel. Auf Ihrer Wanderung queren Sie den Teutoburger Wald von West nach Ost und das Eggegebirge von Nord nach Süd. Dabei bieten Ihnen die Naturparke TERRA.vita und Teutoburger Wald/Eggegebirge viel Ruhe, weite Ausblicke, ursprüngliche Waldlandschaften und jede Menge landschaftlicher Highlights. Der Großteil der Strecke führt Sie immer direkt auf dem Kamm entlang. Neben der Natur sind Zeugnisse der Geschichte stets an Ihrer Seite: Schloss- und Burganlagen, historische Stadtkerne und natürlich die hoch in die Landschaft ragende Statue des namensgebenden Helden Hermann der Cherusker sorgen so für Abwechslung auf Ihrer Wanderung. Während der Hermannsweg zahlreiche Ortschaften am Weg streift, präsentiert Ihnen der Eggeweg Abgeschiedenheit und Natur pur.

Präzise Karten, genaue Streckenbeschreibungen, zahlreiche Stadt- und Ortspläne, Hinweise auf das kulturelle und touristische Angebot der Region und ein umfangreiches Übernachtungsverzeichnis – in diesem Buch finden Sie alles, was Sie zu einer Wanderung auf den Hermannshöhen brauchen – außer gutem Wetter, das können wir Ihnen nur wünschen.

Zeichenerklärung

* in Auswahl

Wanderweg auf Hartbelag
z. B.: befestigter Fußweg • ruhige Anliegerstraße

Spazierweg, Wanderweg
breiter, gut begehbarer Weg
z. B.: Wald- und Forstweg • bequemer Wiesenweg

Wandersteig, Pfad
z. B.: schmaler Weg/Pfad • schlechte Oberfläche • uneben, wurzelig, zugewachsen • sandiger oder steiniger Weg

Klettersteig, Kletterstelle
- schwierige Stelle
- Trittsicherheit erforderlich
- Leiter

Verkehrsreicher Abschnitt
- Strecke auf oder direkt an Straße mit starker Verkehrsbelastung

Variante, Alternativstrecke
z. B.: Ausflüge • Abkürzungen • Ein- oder Ausstiege • alternative Hauptroute

Sonstige Wanderwege
- kreuzende Fernwanderwege • nachträgliche, von uns nicht geprüfte Wege

Wanderweg geplant

Wanderweg gesperrt

Tunnelstrecke, Unterführung

Fährverbindung (ferry)

Wegpunkt (waypoint)

Gefahrenstelle (dangerous section)

Text beachten (read text carefully)

Treppe (stairs)

Etappenanfang, -ende
(stagebeginning, - end)

Touristinformation (tourist information)
Hotel, Pension (hotel,guesthouse)
Jugendherberge (youth hostel)
Campingplatz (camping site)
Zeltplatz (simple tent site)
Gasthaus (restaurant)
Einkaufsmöglichkeit (shop)
Kiosk (kiosk)
Ort **sehenswerter Ort** (picturesque town)
Einrichtung im Ort vorhanden (facilities available)
sehenswerte Kirche (remarkable church)
sehenswertes Schloss, Burg (remarkable palace, cas
sehenswerte Ruine (remarkable ruin)
sonstige Sehenswürdigkeit (other place of interest)
Museum (museum)
Ausgrabungsstätte (excavation)
Tierpark (zoo)
Naturpark, -denkmal (nature reserve, natural monument
Aussichtspunkt (panoramic view)
Rastplatz (resting place)
Unterstand (covered stand)
Schutzhütte (shelter, hut, refuge)
Wanderparkplatz (parking lot)
Brunnen* (fountain)
Freibad (outdoor swimming pool)
Hallenbad (indoor swimming pool)
Bushaltestelle* (busstop)

Maßstab 1 : 35.000

1 cm ≙ 350 m   1 km ≙ 2,9 cm

0   1   2   3

- Kirche (church)
- Kloster (monastery)
- Kapelle (chapel)
- Schloss, Burg (castle)
- Ruine (ruine)
- Turm (tower)
- Funk-, Sendeanlage (TV/radio tower)
- Kraftwerk (power station)
- Umspannwerk, Trafostation (transformer)
- Windmühle (windmill)
- Windkraftanlage (wind power station)
- Bergwerk (mine)
- Wegkreuz (wayside cross)
- Gipfelkreuz (peak)
- Leuchtturm (lighthouse)
- Sportplatz, Stadion (sports field, stadium)
- Denkmal (monument)
- Flughafen (airport, airfield)
- Quelle (natural spring)
- Kläranlage (purification plant)
- Schiffsanleger (boat landing)
- historischer Grenzstein, Römerstein (historical boundary stone, roman stone)
- Grabanlage, Hügelgrab (gravemound, tumulus)
- P Parkplatz (parking lot)
- P Parkhaus/Tiefgarage (garage)
- Post* (post office)
- Apotheke* (pharmacy)
- H Krankenhaus (hospital)
- F Feuerwehr (fire-brigade)
- Polizei (police)
- Theater* (theatre)

- Wald (forest)
- Wiese, Weide (meadows)
- Fels (rock, cliff)
- Nassfläche, Sumpf, Moor (marshy ground,)
- Weingarten (vineyard)
- Friedhof (cemetary)
- Garten (garden)
- Sand, Düne (sand, dunes)

- Siedlungsfläche
- Öffentliche Gebäude
- Industriegebiet

- See / Staudamm / Fluss (lake, dam, river)
- Kanal (ditch, drain)
- A13 Autobahn (highway)
- B12 Schnellverkehrsstraße (motorway)
- B236 Fernverkehrsstraße (major road)
- Hauptstraße (main road)
- Straße (road)
- Nebenstraße (minor road)
- Fahrweg (carriageway)
- Pfad (footpath)
- Eisenbahnlinie/Bahnhof (railway, -station)
- Fähre (ferry)
- Staatsgrenze / Grenzübergang (state frontier, border, -crossing-point)
- Landesgrenze (national boundary)
- Kreisgrenze, Bezirksgrenze (district boundary)
- 700 Höhenlinie 100m (contour line 100m)
- Höhenlinie 20m (contour line 20m)
- Damm (dam, dyke)
- 318 5242 Kilometerraster mit UTM-Koordinaten

Inhalt

Fernwanderweg Hermannshöhen

Hermannsdenkmal am Wanderweg

Die Hermannshöhen verbinden zum einen die traditionsreichsten Wanderwege der Region, Hermannsweg und Eggeweg, zum anderen schlagen Sie einen Bogen über den langgestreckten Kamm, den Teutoburger Wald und Eggegebirge bilden.
Der Hermannsweg verläuft vom im Münsterland gelegene Rheine an der Ems durch den Teutoburger Wald bis zum Felsmassiv der Lippischen Velmerstot südöstlich von Bielefeld. Er berührt auf seinem Verlauf über den häufig durchbrochenen und oft steilen Kamm zahlreiche Städte und Städtchen und bietet neben ausgeprägten Buchenbeständen immer wieder weite Aussichten in die Münsterländer Tieflandsbucht. Der Wanderweg führt schließlich in dichter Folge zu den landschaftlichen Höhepunkten, die das Hermannsdenkmal, die Externsteine, das Silberbachtal und die Lippische Velmerstot bilden.
Bereits ab den Externsteinen ist ihm für ein kurzes gemeinsames Stück der Eggeweg zur Seite, der auf dem undurchbrochenen Kamm des Eggegebirges bis ins sauerländische Städtchen Marsberg an der Diemel verläuft, zu seinen Füßen im Westen die Paderborner Hochfläche. Aufgrund ihrer Naturbelassenheit wird die ehemalige Handelsstraße auf dem nach Osten steil abfallenden Kamm heute vor allem von Naturliebhabern begangen. Durch alten Fichtenwald entführt sie den Wanderer durch ihre Abgeschiedenheit in eine andere Welt.
Der Eggeweg war 2004 der erste „Qualitätsweg Wanderbares Deutschland", der Hermannsweg erhielt dieses Siegel im Jahre 2008. Beide gehören damit zur kurzen Liste der attraktivsten Wan-

derwege Deutschlands. Gemeinsam bilden sie die Hermannshöhen und damit 228 Kilometer vom Anfang bis zum Ende eines gesamten Höhenzuges, reich sowohl an Abwechslung als auch an Entspannung. Die Hermannshöhen, die fast vollständig in den Naturparken TERRA.vita und Teutoburger Wald/Eggegebirge liegen, zählen zudem zu den Top Trails of Germany, den zehn schönsten und erlebnisreichsten Wanderwegen des Landes.
In den Texten des Wanderführers wird sowohl von den Hermannshöhen als Ganzes als auch jeweils vom Hermannsweg und Eggeweg die Rede sein.

Der Teutoburger Wald

Blick vom Rand des Teutoburger Waldes

Der Mittelgebirgszug, der sich vom Mittellandkanal bis zum nördlichen Eggegebirge erstreckt, ragt gemeinsam mit dem nördlich gelegenen Wiehengebirge weit in die deutsche Tiefebene und schließt die Münstersche Bucht nach Norden ab.
Das Faltengebirge besteht aus mehreren Kämmen, die mehrfach von Tälern durchschnitten sind. Zu den wenigen sichtbaren Felsen zählen die Dörenther Klippen und die Externsteine.
Der bis zu 446 Meter hohe Hauptkamm, Teil der Weser-Ems-Wasserscheide, fällt nach Westen kontinuierlich ab und findet am Huckberg bei Hörstel seine niedrigste Stelle.
Bekannt ist der Teutoburger Wald vor allem durch die Varusschlacht, die sich 2009 zum 2000. Mal jährt, als drei römische Legionen gegen ein germanisches Heer unter Führung von Arminius unterlagen, auch bekannt als Hermann der Cherusker.

Das Eggegebirge

Das Mittelgebirge im Paderborner Land reicht von Marsberg im nördlichen Sauerland bis zum östlichen Ende des Teutoburger Waldes und bildet dessen Verlängerung nach Süden. Während die Landschaft von Westen langsam zum Kamm hin ansteigt, fällt das Gebirge nach Osten steil ab.

Bergheide im Eggegebirge

Der passlose Höhenzug zwischen Diemel- und Silberbachtal ist meistenteils von Fichtenwald bedeckt. Zwischen Bad Driburg und Altenbeken gibt es auch ausgeprägte Buchenwälder, im nördlichen Eggegebirge noch einzelne Heideflächen.
Der Höhenkamm bildet eine deutliche Wetterscheide und zeigt besonders in den kalten Jahreszeiten unterschiedliche Wetterlagen im östlichen und westlichen Vorland, wenn Feuchtwinde vom Atlantik auf kalte Luft aus dem Osten stoßen. Weiterhin ist er Wasserscheide zwischen Weser und Rhein.
Das Gebirge wird auch kurz als die Egge bezeichnet, zugleich eine übergreifende Bezeichnung für längliche Bergrücken.

Streckencharakteristik

Länge, Höhenmeter und Etappen

Die Hauptroute des Fernwanderweges hat eine Länge von 228 Kilometern, durch die Etappeneinteilung ergibt sich eine Gesamtlänge von ca. 250 Kilometern.
Der Wegverlauf berührt auf dem Hermannsweg nur wenige größere Städte und präsentiert sich auf dem Eggeweg bezaubernd und fast einsiedlerisch in wenig berührter Natur, hält hier zu Ortschaften einen gewissen Abstand. Die innere Einkehr ist dem Wanderer nahezu sicher. Der Großteil der Hermannshöhen spielt sich auf dem Kamm ab, der manchmal nur wenige Meter breit ist, während der Wald zu beiden Seiten steil abfällt.
Trifft man auf dem Hermannsweg sowohl auf zahlreiche Fernblicke als auch Ortschaften und Einkehrmöglichkeiten, bieten sich auf dem abgeschiedenen Eggeweg des Öfteren breit angelegte Weitsichten bis hin zu Panoramen. Zudem steht beiden eine Handvoll Aussichtstürme unterstützend zur Seite.
Das Niveau des Fernwanderweges liegt zwischen 29 Metern direkt an der Ems bei Rheine und 465 Metern am höchsten

Punkt des Fernwanderweges bei der Preußischen Velmerstot, der südliche Zielort Marsberg liegt auf einer Höhe von etwa 270 Metern. Der Hermannsweg bewegt sich im Schnitt um die 200 Meter, der Eggeweg um die 350 Meter.
Die Weg ist aufgeteilt in 13 Etappen, einige etwas abseits liegende Etappenziele sind über die beschriebenen Zugänge zu erreichen. Die Etappenlängen liegen zwischen 15 und 23 Kilometern, die Anstiege zwischen 47 und 673 Höhenmetern.
Die einzelnen Etappen wurden so gewählt, dass sie für durchschnittliche Wanderer gut zu bewältigen sind und Zeit für kleine Abstecher zu Sehenswürdigkeiten am Wegesrand ermöglichen. In jedem Zielort gibt es Übernachtungsmöglichkeiten. Bei schlechten Wetterkonditionen oder zusätzlichen Besuchen von Sehenswürdigkeiten kann die Kilometerleistung bei einzelnen Etappen geringer ausfallen. Sehr sportliche Tourengeher wiederum können die Strecke auch in einer Woche zurücklegen.

Wegweisung

Der gesamte Weg ist mit einer einheitlichen Markierung der Hermannshöhen versehen. Diese ist auf Sichtabstand ausgelegt, kann aber zum Saisonende Lücken aufweisen, da die Schilder gern als Souvenir mitgenommen werden.
Die Markierung ist gut nutzbar und verlässlich und nur in seltenen Fällen erst auf den zweiten Blick zu finden. Bitte achten Sie an solchen Stellen sorgfältig auf den Routentext.

H

X

Die Hauptmarkierung bilden das **H** des Hermannsweges und das **X** bzw. **X1** des Eggeweges, ferner begleiten die Schilder der Hermannshöhen den Weg.
Der Bestand der Markierung ist vielfältig, es gibt Holzschilder, wetterbeständige Plastik- oder Metallschilder, oftmals auch den direkten Pinselauftrag auf Verkehrsschilder oder Baumstämme. Letztere können stark verwittert sein.
Die Ausschilderung mit Orts- und Entfernungsangaben ist regional gewachsen und daher ebenfalls vielfältig, es gibt rechteckige und dreieckige Holzschilder, letztere vor allem auf dem Eggeweg, sowie gut erkennbare

Hermannshöhen
Hier läuft das Leben!

gelbe Metallschilder. Von den Hermannshöhen gibt es weiße Metallschilder, die in sinnvollen Abständen erscheinen, damit aus dem Wald kein Schilderwald wird.

Ausstattung

Hermanns- und Eggeweg sind zuverlässig markiert und beschildert und verfügen über eine gute Infrastruktur für Wanderer. So gibt es eine große Zahl von Rasthütten verschiedener Größe, und fast über den gesamten Weg trifft man auf zum Teil sehr neue Bänke, die speziell an Aussichtspunkten zur Rast einladen. An mehreren Stellen finden sich Schautafeln am Wegesrand.
Auf einigen Abschnitten laufen Sie kilometerweit auf einsamen Wegen durch den Wald und kommen nur selten durch Ortschaften mit Gaststätten und Einkaufsmöglichkeiten. Es besteht jedoch oftmals die Möglichkeit, etwas vom Wanderweg abzuweichen, um einkehren zu können. Dennoch empfehlen wir speziell für den Bereich des Eggegebirges, ausreichend Proviant und vor allem genügend Getränke für die Tagesetappen mitzunehmen.

Anforderungen

Die Hermannshöhen sind touristisch sehr gut erschlossen und somit auch für Einsteiger bestens geeignet. Der Wanderweg ist fast immer gut zu begehen.
Oftmals verläuft die Route auf befahrbaren Forstwegen, die zum Teil etwas härter sein können. Im Auf- und Abstieg kommen auch kürzere Steilstücke vor, in Etappe 8 einmal auch etwas länger. Aufgrund von offenliegendem Kalkstein können einige Auf- bzw. Abstiegspassagen der Etappe 4 im Gebiet des Kleinen und Großen Freeden hinter Bad Iburg schwieriger begehbar sein. Weiterhin kann in Etappe 11 durch zahlreiche Quellen die Kammstraße zwischen Neuenheerse und Willebadessen nach intensivem Regen stark aufgeweicht sein. Solche Bereiche bilden jedoch die Ausnahme, im Text wird gesondert darauf hingewiesen.
Lange und zugleich steile Anstiege gibt es im Wesentlichen zwei, einmal zum Hermannsdenkmal, etwas später zum Doppelgipfel der Lippischen und Preußischen Velmerstot. Doch auch das sonstige Auf und Ab zwischen Kamm und Ortschaften und nicht zuletzt die Zuwege von einzelnen Etappenorten sind nicht zu unterschätzen.

Die Wanderung auf den Hermannshöhen beschert Ihnen viel Ruhe, Sie laufen fast immer auf stillen Waldwegen und durch gering besiedelte Regionen. Auf der gesamten Route verläuft der Weg fast nie entlang einer stark befahrenen Straße, lediglich in der Nähe von Lengerich müssen Sie einmal für einige hundert Meter am Straßenrand der L 555 gehen. Von Zeit zu Zeit laufen Sie auf asphaltierten, ruhigen Sträßchen.
In den Karten werden zusätzlich zum Wegeverlauf Informationen zur Wegeoberfläche und -begehbarkeit gegeben. Lediglich bei Ausflügen und Zuwegen musste zum Teil auf diese Angaben verzichtet werden, wenn hier die Wegführung erst nach Redaktionsschluss festgelegt wurde.

Tourenplanung

Infostellen

Teutoburger Wald Tourismus, OstWestfalenLippe Marketing GmbH, Jahnplatz 5, 33602 Bielefeld, ✆ 0521/9673325, Fax 0521/9673319
Naturpark Teutoburger Wald/Eggegebirge, Felix-Fechenbach-Str. 5, 32756 Detmold, www.naturpark-teutoburgerwald.de
TERRA.vita Naturpark Nördlicher Teutoburger Wald, Wiehengebirge, Osnabrücker Land e. V., Am Schölerberg 1, 49082 Osnabrück, ✆ 0541/5014217, www.naturpark-terravita.de

Internetadressen

www.hermannshoehen.de (mit Tourenplaner)
www.naturpark-teutoburgerwald.de
www.eggegebirgsverein.de
www.teutoburgerwaldverein.de
www.teutoburgerwald.de
www.wanderbares-deutschland.de

An- und Abreise mit der Bahn

Beide Zielorte der Hermannshöhen sind gut an das nationale Schienennetz angebunden. So ist Rheine als Startpunkt der Wanderung auf den Hermannshöhen per Bahn bestens zu erreichen. Von Berlin reisen Sie stündlich wechselnd direkt in 3,75 Stunden oder mit Umsteigen in Hannover in 3,5 Stunden. Von Hamburg erreichen Sie Rheine jede Stunde mit Umstieg in Osnabrück in 2,5 Stunden, von München mit ein bis drei Umstiegen nach 7-8 Stunden. Von Frankfurt/Main kommen Sie stündlich mit Umstieg in Köln in 3,75 Stunden nach Rheine. Ähnlich unkompliziert und mit maximal zweifachem Umsteigen gestaltet sich die Rückreise von Marsberg. So fahren Sie jeweils stündlich nach Berlin in 4,5 Stunden, nach Hamburg in 3,5 Stunden, nach Frankfurt/Main in 3 Stunden und nach München in 5 Stunden.

Infostellen

Deutsche Bahn AG, www.bahn.de, **Reise-Service**, ✆ 0180/5996633 (€ 0,14/Sek.), Mo-So 0-24 Uhr, Auskünfte über Zugverbindungen, Fahrpreise im In- und Ausland, Buchung von Tickets und Reservierungen
Automatische DB-Fahrplanauskunft: ✆ 0800/1507090 (gebührenfrei aus dem Festnetz), ✆ 01805/221100 (€ 0,12/Min. aus dem Mobilfunknetz)

Mit Bus und Bahn entlang der Strecke

Unter ✆ 01803/504030 (€ 0,09/Min. aus dem Festnetz) bzw. www.schlaue-nummer.de erreichen Sie rund um die Uhr eine Fahrplanauskunft für Bus und Bahn in Nordrhein-Westfalen. In der Rubrik Service unter www.hermannshoehen.de finden Sie zudem eine umfangreiche Liste aller Verkehrsgesellschaften der Region.

Internetadressen zu Bus und Bahn

www.efa.de
www.westfalenbahn.de
www.nordwestbahn.de
www.eurobahn-bielefeld.de
www.vvowl.de
www.nph.de

An- und Abreise mit dem Auto

Rheine als Ausgangspunkt der Strecke erreichen Sie über die A 30 bis Ausfahrt Nr. 8 Rheine/Dreierwalde.
Vom Endpunkt der Wanderung in Marsberg gelangen Sie zurück zu Ihrem Auto, indem Sie die regelmäßigen stündlichen Verbindungen der Regionalbahn nutzen, die Sie in 3-4 Stunden nach Rheine bringt.

Langzeitparkplätze gibt es in Rheine im Parkhaus am Bahnhof. Bei Voranmeldung unter ✆ 05971/45211 reduziert sich die tägliche Gebühr von z. Zt. € 7 auf € 2,50 pro Tag und Fahrzeug. Wenn Sie die Route von Marsberg nach Rheine gehen, empfiehlt sich der kostenlose P+R-Parkplatz an der Straße In der Marsch gegenüber des Bahnhofs jenseits der Gleise.

Beste Reisezeit

Frühling und Herbst sind nicht zuletzt der zahlreichen Buchenwälder wegen zum Wandern auf den Hermannshöhen ideal, der Frühling zudem in besonderem Maße der vielfältigen Blütenteppiche unter dem jungen Buchenlaub wegen. Es spricht jedoch auch nichts gegen eine Tour zu anderen Jahreszeiten. So bietet sich im Sommer ausreichend Schatten entlang der Wege. Wer einsames Wandern bevorzugt, sollte die Urlaubs- und Ferienzeiten meiden, denn die Hermannshöhen sind mit ihren zahlreichen Ausflugszielen eine beliebte Wanderregion.

Im Winter hat der Kammweg seinen ganz besonderen Reiz, für die Etappenplanung ist jedoch zu berücksichtigen, dass zahlreiche Wegabschnitte nicht schneeberäumt werden. In der kalten Jahreszeit sollten Sie ebenfalls das oftmals sprunghafte Wetter auf dem Kamm des Eggegebirges beachten. Ferner können im feuchten Spätherbst einige Wege auf den Hermannshöhen nur erschwert begehbar sein.

Übernachtung

Die Region um Teutoburger Wald und Eggegebirge ist ein langfristig gewachsenes Wanderrevier und bietet daher viele Übernachtungsmöglichkeiten, deren Großteil zu den zertifizierten Qualitätsbetrieben der Hermannshöhen zählt. Aufgrund des Verlaufes auf dem Kamm liegen diese jedoch nicht immer direkt an der Strecke, und es ist zum Teil erforderlich, sich etwas vom Wanderweg zu entfernen. Dies ist jedoch fast immer mit dem Besuch einer sehenswerten Ortschaft verbunden.

Beachten Sie jedoch, dass sich in der beliebten Ausflugsregion speziell in der Urlaubs- und Ferienzeit eine rechtzeitige Buchung bzw. Reservierung Ihres Quartieres empfiehlt. Dies gilt besonders für das Gebiet um Hermannsdenkmal und Externsteine. Die dafür notwendigen Informationen finden Sie ab Seite 151.

Bekleidung, Ausrüstung

Für eine gelungene Wanderung ist die Ausrüstung ein wichtiger Faktor. Der Markt für Outdoorbekleidung ist mittlerweile unübersehbar, deswegen hier nur einige Grundregeln:

Der wichtigste Ausrüstungsgegenstand sind Schuhe mit Profilsohle. Die Passform sollte vor einer längeren Unternehmung unbedingt auf Tagestouren überprüft werden!

Für die Kleidung gilt das „Zwiebelprinzip": Mehrere Schichten erfüllen verschiedene Funktionen, lassen sich separat tragen und vielfältig kombinieren. Die unterste Schicht soll Schweiß vom Körper weg führen, darüber folgen bei Bedarf eine wärmende Schicht und zuletzt die äußerste Hülle, die Wind und Regen abhalten, trotzdem aber atmungsaktiv sein soll.

Als Materialien kommen Kunstfasern (leicht, wenig Feuchtigkeitsaufnahme, manchmal starke Geruchsbildung) oder hochwertige Wolle (etwas schwerer, wärmt auch im nassen Zustand, nimmt kaum Geruch an) in Frage. Baumwolle ist weniger geeignet, da sie viel Feuchtigkeit aufnimmt und sehr lange zum Trocknen benötigt.

Für Tagestouren benötigt man einen Regenschutz, eine Trinkflasche, Sonnenschutz, ein kleines Erste-Hilfe-Set und etwas Verpflegung für unterwegs. Bei Mehrtagestouren kommen noch Wäsche zum Wechseln, ein kleines Waschzeug und Kleidung für den Abend dazu. All das sollte in einem Rucksack von maximal 35 Litern Volumen Platz finden. Vor allem untrainierte Menschen sollten darauf achten, sich nicht zu viel Gepäck zuzumuten, denn die zusätzliche Belastung kann eine schöne Wanderung schnell zur Plackerei werden lassen. Wollen Sie sich beim Packen des Reisegepäcks nicht einschränken, empfiehlt es sich, einen Gepäcktransfer zu buchen.

Wanderreiseverantalter und Gepäcktransport

Folgende Adressen stellen nur eine Auswahl dar, bitte wenden Sie sich auch an die regionalen Tourismusverbände.

Eurohike, Mühlstr. 20, A-5162 Obertrum, 0043/(0)6219/7444, office@eurohike.at, www.eurohike.at

Tourist-Information Bad Driburg, Lange Straße 140, 33014 Bad Driburg, ✆ 05252/98940, www.bad-driburg.com

Tourist-Information Bad Iburg, Schlossstr. 20, 49186 Bad Iburg, ✆ 05403/796780, www.badiburg.de

Tourist Information Detmold, Rathaus am Markt, 32756 Detmold, ✆ 05231/977316, www.detmold.de

Tourist-Information Ibbenbüren am Bahnhof, Bachstr. 14, 49477 Ibbenbüren, ✆ 05451/5454540, www.tourismus-ibbenbueren.de

Kurverwaltung Detmold-Hiddesen GmbH, Hindenburgstr. 58, 32760 Detmold-Hiddesen, ✆ 05231/88085, www.detmold-hiddesen.de

Lippe Tourismus & Marketing AG, Felix-Fechenbach-Str. 5, 32756 Detmold, ✆ 05231/621020

Verkehrsverein Rheine e.V., Bahnhofstr. 14, 48431 Rheine, ✆ 05971/54055

Tecklenburg Touristik GmbH, Markt 7, 49545 Tecklenburg, ✆ 05482/93890, www.tecklenburg-touristik.de

Verkehrsverein Willebadessen, Augustin-Gockel-Weg 9, 34439 Willebadessen, ✆ 05646/942476, www.verkehrsverein-willebadessen.de

OstWestfalenLippe Marketing GmbH, Jahnplatz 5, 33602 Bielefeld, ✆ 0521/9673325, hermannshoehen.de

Via Soluna Reise- und Wanderservice GmbH, Derkere Str. 2a, 59929 Brilon, ✆ 02961/966133, www.erlebnis-wandern.de

Wikinger Reisen Individuell GmbH, Kölner Str. 20, 58135 Hagen, ✆ 02331/904804, www.ferien-aktiv.de

Zu diesem Buch

Dieser **Hikeline-Wanderführer** enthält alle Informationen, die Sie für Ihre Wanderung benötigen: exakte Karten, eine detaillierte Wegbeschreibung und die wichtigsten Informationen zu touristischen Attraktionen und Sehenswürdigkeiten.
Und das alles mit der **Hikeline-Garantie**: Die Routen in unseren Büchern sind von unserem professionellen Redaktionsteam vor Ort geprüft worden. Um höchste Aktualität zu gewährleisten, nehmen wir nach der Erhebung Korrekturen von Lesern bzw. offiziellen Stellen bis Redaktionsschluss entgegen, die dann jedoch teilweise nicht mehr an Ort und Stelle verifiziert werden können.

Papier

Für die Innenseiten unserer Bücher haben wir uns etwas Besonderes einfallen lassen. Diese bestehen aus robustem Landkartenpapier, welches wir mit einer schweißfesten und wasserabweisenden Beschichtung versehen haben. Sollten Sie sich eines Tages von diesem Buch trennen müssen, können Sie es problemlos mit Ihrem Altpapier entsorgen. Bitte beachten Sie: wasserabweisend heißt nicht wasserfest! Die Seiten sind gut gegen Spritzwasser geschützt, jedoch nicht abwaschbar.

Konzept

Am Beginn jeder Etappe finden Sie auf einer Doppelseite zusammengefasst Start- und Zielort, die Länge, die zu bewältigenden Höhenmeter im Auf- und Abstieg, die durchschnittliche Wegzeit in normalem Gehtempo, ein Höhenprofil und die Anteile an Asphalt, Spazier- und Wanderwegen. Zusätzlich finden Sie dort auch eine kurze Charakteristik der Etappe.

Karten

Eine Übersicht über die geografische Lage der Hermannshöhen gibt Ihnen die Übersichtskarte auf der vorderen inneren Umschlagsseite. Die Detailkarten sind im Maßstab 1:35.000 erstellt. Dies bedeutet, dass 1 Zentimeter auf der Karte einer Strecke von 350 Metern in der Natur entspricht. Zusätzlich zum genauen Routenverlauf informieren die Karten auch über die Beschaf-

fenheit des Bodenbelags bzw. über die Art des Weges sowie über kulturelle und gastronomische Einrichtungen entlang der Strecke. Die Höhenlinien haben einen Abstand von 20 Metern.
Allerdings können selbst die genauesten Karten den Blick auf die Wegbeschreibung nicht ersetzen. Stellen mit schwieriger Wegfindung werden in der Karte mit dem Symbol ⚠ gekennzeichnet, im Text finden Sie das gleiche Zeichen zur Markierung der betreffenden Stelle wieder, manchmal ergänzt durch ein Foto.
Die beschriebene Haupttour wird immer in Blau, Varianten oder Abstecher in Grün dargestellt. Die genaue Bedeutung der einzelnen Symbole wird in der Zeichenerklärung auf den Seiten 4 und 5 erläutert.

Textteil

Der Textteil besteht im Wesentlichen aus der genauen Routenbeschreibung. Manche besonders markante oder wichtige Punkte auf der Strecke sind als Wegpunkte **1**, **2**, **3**, ... durchnummeriert und – zur besseren Orientierung – mit dem selben Symbol in den Karten und im Höhenprofil wieder zu finden. Bei Varianten wird das selbe System angewendet, allerdings mit Großbuchstaben **A**, **B**, **C**, ...
Die Kilometerangaben, im Text hochgestellt, zeigen Ihnen die schon zurückgelegte Strecke seit dem Etappenstart an, sie sind auf hundert Meter gerundet.
Ferner sind alle wichtigen **Orte** zur besseren Orientierung aus dem Text hervorgehoben. Die Symbole Ortsanfang und Ortsende kennzeichnen ein größeres, geschlossenes Siedlungsgebiet. Gibt es interessante Sehenswürdigkeiten in einem Ort, so finden Sie unter dem Ortsbalken die jeweiligen Adressen, Telefonnummern und Öffnungszeiten.

Die Beschreibung der einzelnen Orte sowie historisch, kulturell oder naturkundlich interessanter Gegebenheiten entlang der Route tragen zu einem abgerundeten Reiseerlebnis bei. Diese Textblöcke sind kursiv gesetzt und unterscheiden sich dadurch auch optisch von der Streckenbeschreibung.

Absätze in grüner Farbe behandeln Varianten und Ausflüge.

TIPP

Textabschnitte in Blau heben Stellen hervor, an denen Sie auf den weiteren Wegeverlauf und auf mögliche Varianten hingewiesen werden. Sie geben auch Empfehlungen und Erläuterungen zu Sehenswürdigkeiten oder Freizeitaktivitäten etwas abseits der Route.

Übernachtungsverzeichnis

Im Informationsteil zu Beginn des Buches unter Wanderreiseveranstalter bzw. im Übernachtungsverzeichnis auf den letzten Seiten finden Sie auch das Zeichen ⊟. Dies bedeutet, dass ein Reiseveranstalter oder ein Beherbergungsbetrieb einen Gepäcktransfer anbietet.

Auf den letzten Seiten dieses Wanderführers finden Sie zu fast allen Orten entlang der Strecke eine Vielzahl von Übernachtungsmöglichkeiten vom einfachen Zeltplatz bis zum 5-Sterne-Hotel.

GPS-Navigation

GPS (Global Positioning System) erlaubt eine präzise Positionsbestimmung mittels Navigationssatelliten und einem Empfangsgerät, dem GPS-Empfänger. Die Navigation basiert auf dem UTM-System (Universal Transversal Mercatorprojection). Das UTM-Gitternetz unterteilt die Erde in 60 Zonen von je 6 Grad Breite. Die Positionsangabe setzt sich aus dem East- oder Rechtswert und dem North- oder Hochwert zusammen. Der East-Wert (E) gibt den Abstand zum jeweiligen Bezugsmeridian in Kilometern plus 500 Kilometer zur Vermeidung negativer Zahlen an. Der North-Wert (N) gibt den Abstand zum Äquator in Kilometern an.

GPS-Navigation in der Karte

Das Gebiet dieser Karten liegt in der Zone 32 und hat den Bezugsmeridian 9 Grad Ost. Um zu navigieren, ist der GPS-Empfänger auf WGS 84 (World Geodetic System 1984) und UTM-Projektion einzustellen. Die Koordinaten (East und North) sind in der Karte in Kilometern, auf dem GPS-Empfänger in Metern angegeben. Für die GPS-Navigation ist auf den Karten ein grau gepunktetes Gitter mit einer Maschenweite von 1 Kilometer vorhanden. Da einige Karteninhalte hervorgehoben oder generalisiert dargestellt werden, ist eine absolute Lagegenauigkeit nicht immer garantiert.

Etappe 1

Rheine – Bevergern/Hörstel

Länge: 21 km
Start: Rheine, Bahnhof
Ziel: Zugang Hörstel
Gehzeit: 4,5 bis 5 Std.
Aufstieg: 47 m
Abstieg: 34 m
Hartbelag: 50 %
Spazierwege: 42 %
Wanderpfade: 8 %

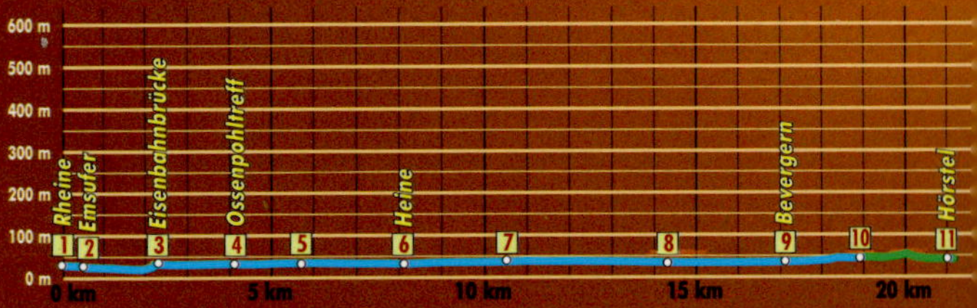

Charakteristik: Die erste Etappe ist die einzige ohne Kammberührung und kommt somit fast ohne Steigungen aus.

Sie beginnen Ihre Wanderung am Bahnhof der Stadt Rheine. Durchs Zentrum gelangen Sie zum Ufer der Ems. Es geht flach am Flussufer entlang und durch Wohngebiete, weiter durch Felder und kleine Waldstücke, entlang von Gehöften und verschlafenen Weilern. Das Landschaftsbild ist hauptsächlich landwirtschaftlich bestimmt. Entlang der Bevergerner Aa kommen Sie durch das Städtchen Bevergern am Nassen Dreieck. Bei der Schleuse überqueren Sie den Dortmund-Ems-Kanal und berühren mit dem Blick den äußersten Ausläufer vom Kamm des Teutoburger Waldes. Zum Etappenende entfernen Sie sich etwas vom Hermannsweg und kommen so in das Städtchen Hörstel. Die gesamte Route verläuft meistenteils entlang kleiner Straßen und auf Wald- und Feldwegen.

Rheine

PLZ: 48431, 48432; Vorwahl: 05971

Verkehrsverein, Bahnhofstr. 14, ✆ 54055, www.rheine.de

Falkenhof-Museum, Tiefe Str. 22, ✆ 92060, ÖZ: Di-So 10-13 Uhr und 14-17 Uhr. Der 838 erstmalig erwähnte Adelssitz gilt als Keimzelle der Stadt Rheine. Zu sehen sind dort u. a. sensationelle archäologische Funde, ein 2004 freigelegtes unterirdisches Gangsystem sowie Ausstellungen wie die Waffensammlung, die städtische Gemäldesammlung, die Kasimir-Hagen-Sammlung oder das umfassende Grafikkabinett mit Werken u. a. von Dürer, Goya und Picasso.

St. Antonius-Basilika (1899) im neoklassizistischem Stil. Mit dem höchsten Kirchturm Westfalens mit einer Höhe von 102 m.

Die **Emsmühle** (1745) in der Mühlenstraße gegenüber der Schleuse ist ein Natursteingebäude und wird heute als Geschäftshaus genutzt.

Saline Gottesgabe im Naherholungsgebiet Rheine-Bentlage. Älteste Salinenanlage Westfalens mit Salzsiedehaus und Gradierwerk.

Golfanlage Gut Winterbrock, größter Golfplatz im Münsterland

Dorf Elte, Heimathaus Elte mit Wandergebiet Elter Dünen

Naturzoo Rheine, Salinenstr. 150, ✆ 161480, ÖZ: ganzjährig, Mo-So 9-18 Uhr bzw. bis zur Dämmerung. Einmalige Naturzoo-Anlage mit Deutschlands erstem Affenwald, Storchenreservat, Streichelzoo u. v. m.

Blick auf Rheine

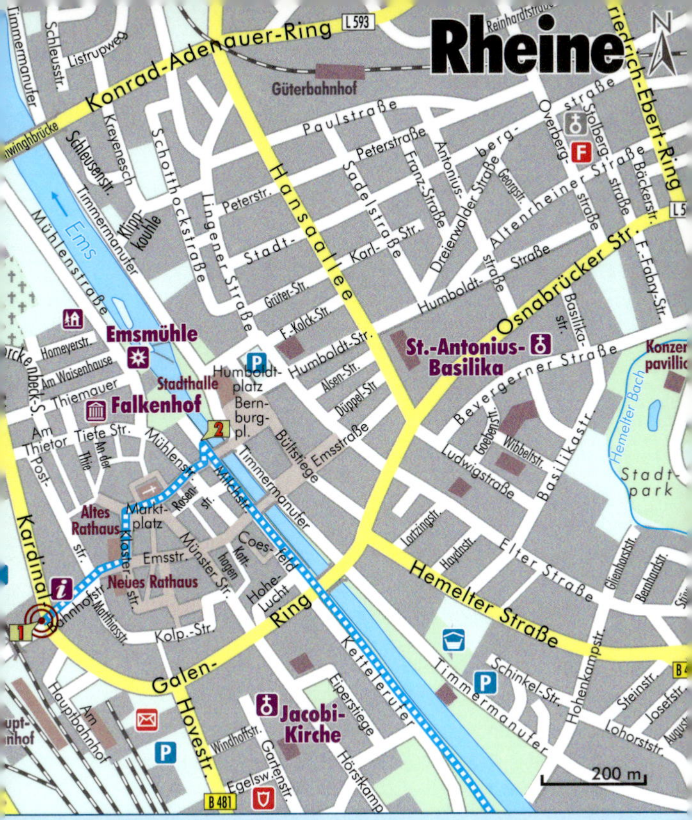

Einige Kilometer nördlich von Rheine befindet sich das Schloss Bentlage. Dieses geht auf eine Niederlassung der Kreuzherren zurück, die hier ein ursprünglich vierflügeliges Klostergebäude errichteten. Dieses wurde 1803 im Rahmen der Säkularisierung aufgehoben und diente dann dem Herzog des Fürstentums Rhein-Wolbeck als Residenz.

Das ehemalige Kloster wurde über 10 Jahre wiederaufgebaut und ist seit dem Jahr 2000 der Öffentlichkeit zugänglich. Es dient heute vor allem kulturellen Zwecken. Unter anderem ist es Sitz der 1956 an diesem Ort gegründeten Europäischen Märchengesellschaft. Auf Grund seiner Lage an der Ems und dem nahegelegenen Naturzoo bildet es ein beliebtes Ausflugsziel für Natur- und Kulturliebhaber.

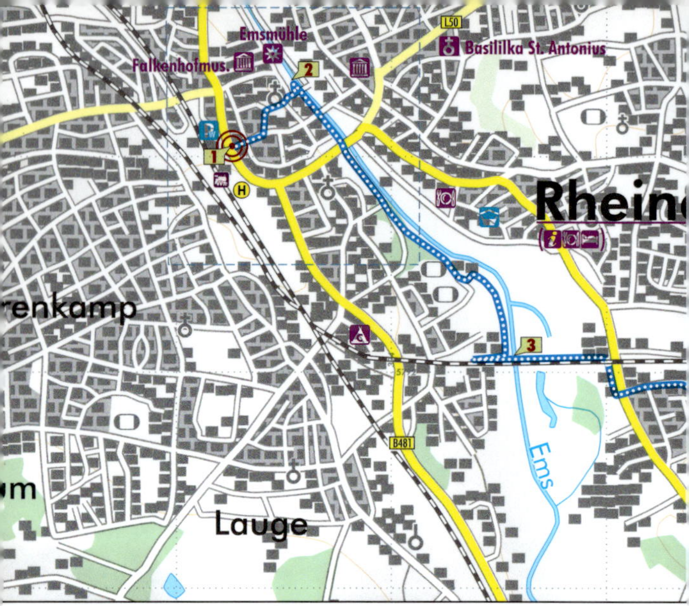

EINSTIEG Den Startpunkt der Hermannshöhen markiert ein Infokasten vor der Tourist-Information von Rheine. Diese liegt schräg gegenüber des Bahnhofs, wo sich Kardinal-Galen-Ring und Bahnhofstraße treffen.

Rheine

1 0,0 Vom Startpunkt der **Bahnhofstraße** in die Altstadt folgen ⁓ über den **Borneplatz** ⁓ am Ende links in die **Klosterstraße** und bis zum **Marktplatz** ⁓ vor der Kirche halb rechts in die Gasse **An der Stadtkirche** ⁓ kurz vor der Brücke links und gleich wieder scharf rechts auf den **Uferweg** hinunter.

2 0,5 Entlang der **Ems** ⁓ bei den Backsteinzinnen dicht am Ufer bleiben ⁓ rechts um das Anglerheim herum ⁓ an der T-Kreuzung links, zum Ufer zurück ⁓ vor der **Eisenbahnbrücke** rechts die Treppe hoch.

3 2,3 Links und über die Emsbrücke ⁓ 100 m nach dem Schornstein rechts durch den Rundbogen ⁓ kurz auf dem Bürgersteig der **Elterstraße** ⁓ bei der ersten Gelegenheit links in die **Sandhövelstraße** ⁓ rechts in die **Heidackerstraße** ⁓ an der T-Kreuzung mit der Dionysiusstraße geradeaus in den unbefestigten Waldpfad ⁓ nach 100 m nach links auf teils

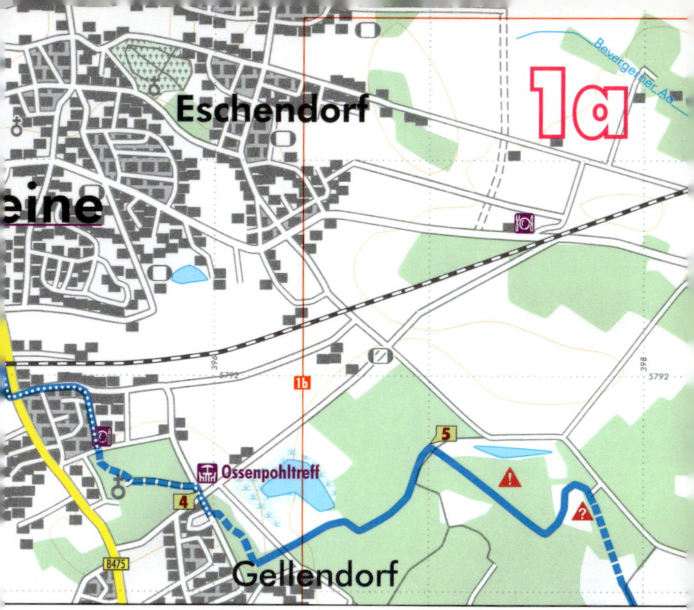

wurzligen Wegen ~ an den nächsten beiden Gabelungen geradeaus ~ aus dem Wald heraus auf die

Rheine, Marktplatz

Straße **Im Ossenpohl** ~ nach rechts bis zur Vorfahrtstraße.

4 4,1 Beim **Rastplatz Zum Ossenpohltreff** den Schwarzen Weg überqueren ~ nach 100 m gegenüber der Einmündung links in den Wald ~ kurz hinter dem **Transformator-Häuschen** noch vor der Wiese nach rechts und in den Wald hinein ~ dem schmalen Waldweg folgen ~ an der T-Kreuzung mit einem breiteren Waldweg links ~ links wird eine Lichtung sichtbar ~ der Weg endet auf der Kurve einer Waldstraße, Sie gehen geradeaus weiter ~ Rechtsbogen der Waldstraße, 50 m später an der Kreuzung nach links ~ auf der Straße bis zur nächsten Kreuzung.

Kurz vor Heine

5 5,7 Hier steht eine Bank der Hermannshöhen ~ nach rechts in die Waldstraße ~ ⚠ militärischer Sicherheitsbereich, verlassen Sie keinesfalls den Wanderweg ~ bei der nächsten Kreuzung geradeaus ~ an der T-Kreuzung nicht geradeaus in den Pfad, sondern links in die Waldstraße ~ Sie verlassen den Wald und folgen durch Felder der Rechtskurve der Forststraße ~ ⚠ noch vor deren Linksknick rechts in die kleine **Baumgasse** ~ auf einem Wiesenweg zwischen zwei Baumreihen durch Felder ~ vorbei am **Hof Overesch** geradeaus auf einem Wiesenweg ~ Linkskurve ~ bis zur T-Kreuzung ~ nach rechts auf der Straße ins Örtchen **Heine**.

Heine

6 8,1 Kurz nach dem **Wegkreuz** am Ende der Bebauung links in den **Engbertsweg** ~ durch Felder ~ an der T-Kreuzung mit der **Heiner Heide** rechts halten ~ weiter bis zur Vorfahrtstraße Heiner Landstraße, **Rastplatz** ~ links und vor dem **Wegkreuz** wieder rechts in den **Gottkenweg** ~ durch Felder ~ ⚠ vor dem leichten Rechtsbogen an den **Telegrafenleitungen** links in den Wiesenweg ~ geradeaus in den Wald ~ nach 100 m an der Kreuzung rechts in die geschotterte Waldstraße.

Elte

An der Bevergerner Aa

1b
Bevergerner Aa
398
5792
5
lendorf
1a
1c
Heine
6
398
5790
Ems
B475
Elte
Horst
B481

7 10,5 An der Kreuzung Hinterdingsweg/Zum Weddenfeld zahlreiche Wegweiser sowie die erste **Rastbank** seit langem ⇝ links halten in den Weg **Zum Weddenfeld** ⇝ für rund 1,5 km der Schotterstraße folgen ⇝ am Waldrand rechts und sofort wieder links ⇝ parallel zur Straße ⇝ Links-rechts-Schwenk zurück auf die Schotterstraße ⇝ aus dem **Elter Weg** kommend an der Kreuzung mit dem **Surenburger Damm** links ⇝ für gut 1 km der Straße folgen.

8 14,3 Rechts in die Straße **Am Hof** ⇝ vor der Brücke über die **Bevergerner Aa** rechts und parallel zum Flüsschen ⇝ über die nächste Brücke und danach rechts ⇝ am **Hotel Saltenhof** geradeaus.

Hotel Saltenhof, Kreimershoek 71, ✆ 05459/805000

Rechts abbiegen und wieder aufs andere Ufer ⇝ unmittelbar nach der Brücke links ⇝ links abbiegen und die Bevergerner Aa zum letzten Mal überqueren ⇝ am **Dechant-Freude-Weg** Richtung Ortszentrum ⇝ links in die Straße **Am Markt** ⇝ am Heimathaus nach rechts in die **Kirchstraße**.

Bevergern

PLZ: 48477; 48477 Vorwahl: 05459

Touristinformation Stadt Hörstel, Kalixtusstr. 6, ✆ 05454/911112

Pfarrkirche St. Marien (15. Jh.). Der Kirchturm wurde 1686 mit Steinen der gesprengten Burg Bevergern aufgestockt.

Heimathaus, Kirchstr. 4, ✆ 1058. Prof. Dr. Dr. Anton Hilckman schenkte 1965 seiner Heimatstadt drei Fachwerkhäuser, die heute der Pflege des Heimatgedankens und der geschichtlichen Erinnerung dienen.

Levedags Mühle. Der obere Teil der ehemaligen Walkmühle besteht wie die Pfarrkirche aus dem Buntsandstein der gesprengten Burg Bevergern. Der untere Teil ist ein Überrest der ehemaligen Stadtbefestigung.

Ackerbürgerhaus mit reich gestalteter Rokokofassade am Markt.

Dortmund-Ems-Kanal. Der 265 km lange Kanal verbindet den Dortmunder Stadthafen und die Ems bei Meppen.

Mittellandkanal. Der 327 km lange Kanal ist Deutschlands längste künstliche Wasserstraße und verbindet Dortmund-Ems-Kanal mit Elbe und Elbe-Havel-Kanal.

Das **Nasse Dreieck** bezeichnet das Wasserstraßendreieck aus Mittelland- und Dort-

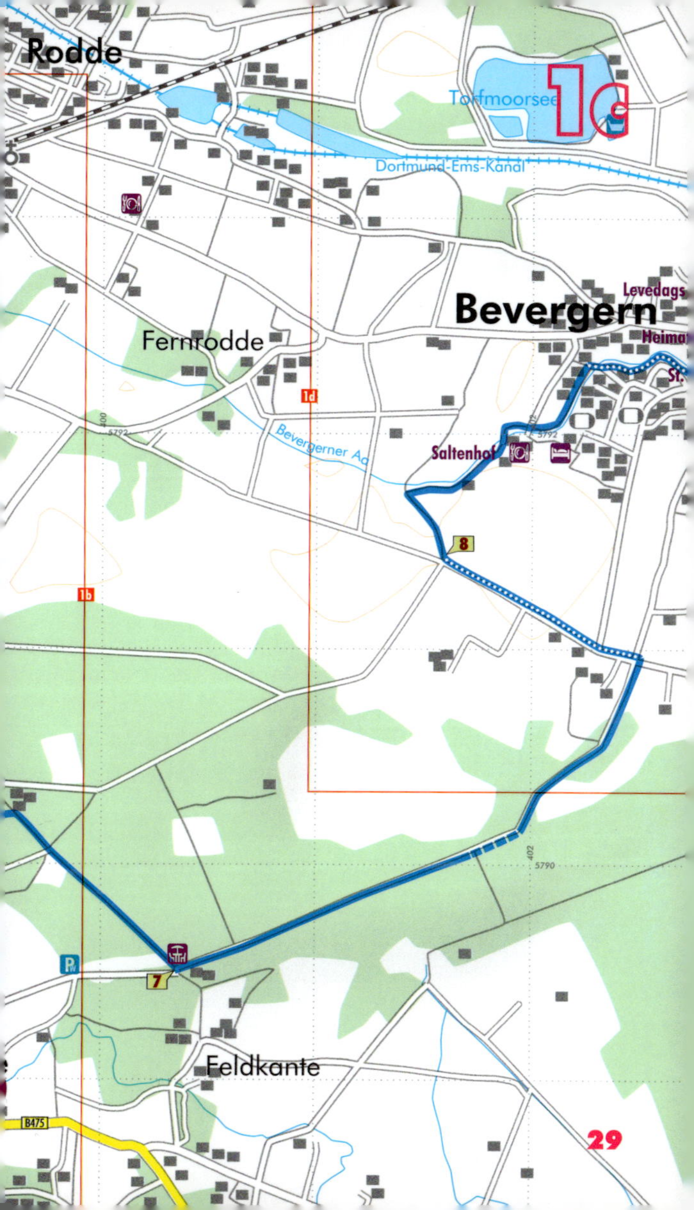
Rodde
Torfmoorsee
1c
Dortmund-Ems-Kanal
Levedags
Bevergern
Heima
St.
Fernrodde
1d
Bevergerner Aa
Saltenhof
8
1b
7
Feldkante
B475

mund-Ems-Kanal. Hier befindet sich die Gravenhorster Schlucht, ein natürlicher Einschnitt zwischen Huckberg und Bergeshöveder Berg.

Haus Surenburg, Surenburg 13, ✆ 9110. Die aus dem 18. Jh. stammende dreiflügelige Anlage liegt außerhalb des Ortes an der Straße nach Emsdetten. Sie zählt zu den kleineren Wasserburgen Westfalens, ist aber heute eines der bedeutendsten weltlichen Bauwerke des Tecklenburger Landes.

9 17,1 Links in die **Lange Straße** ~ nach rund 50 m über die Lange Straße und in die Straße **Mühlenpättken** ~ bei **Levedags Mühle** rechts ~ links in die **Allee** ~ die Straße Holtkamp und die Leineweberstraße überqueren ~ an der **Westfalenstraße** links ~ über den **Dortmund-Ems-Kanal**.

Der Dortmund-Ems-Kanal verbindet den Stadthafen von Dortmund mit der Ems nahe Meppen. Nach knapp 140 Kilometern endet der künstlich gebaute Teil in die kanalisierte Ems. Nach siebenjähriger Bauzeit konnte der Kanal im Jahre 1899 durch Kaiser Wilhelm II. eröffnet werden. Er sollte dazu dienen, die Eisenbahn beim Abtransport von Kohle und anderen Industriegütern aus dem Ruhrgebiet zu entlasten, jedoch auch die umfangreiche Importzufuhr von Rohstoffen in die Industrie-Region gewährleisten.

Eine Kuriosität ist die Überquerung der Flüsse Lippe, Stever und Ems durch das Bett des Kanals. Sehenswert ist auch das Alte Schiffshebewerk Henrichenburg in Waltrop, das einen Höhenunterschied von 14 Metern überwindet. Bis 1962 war es in Funktion, heute ist es Teil des Westfälischen Industriemuseums.

10 18,9 Nach rund 150 m auf Höhe der Huckbergstraße über die Straße und auf den Gehweg der **Westfalenstraße**.

TIPP: Um das Etappenziel zu erreichen, verlassen Sie vorübergehend den Wanderweg.

Vom Hermannsweg nach Hörstel — *2,1 km*

Folgen Sie der Westfalenstraße ~ über die Gleise ~ dem Linksknick der **Bahnhofstraße** folgen.

11 21,0 Ankunft am Etappenziel.

Hörstel

PLZ: 48477; Vorwahl: 05459

i Tourist-Information, Rathaus Riesenbeck, Kalixtusstr. 6, ✆ 911112, www.hoerstel.de

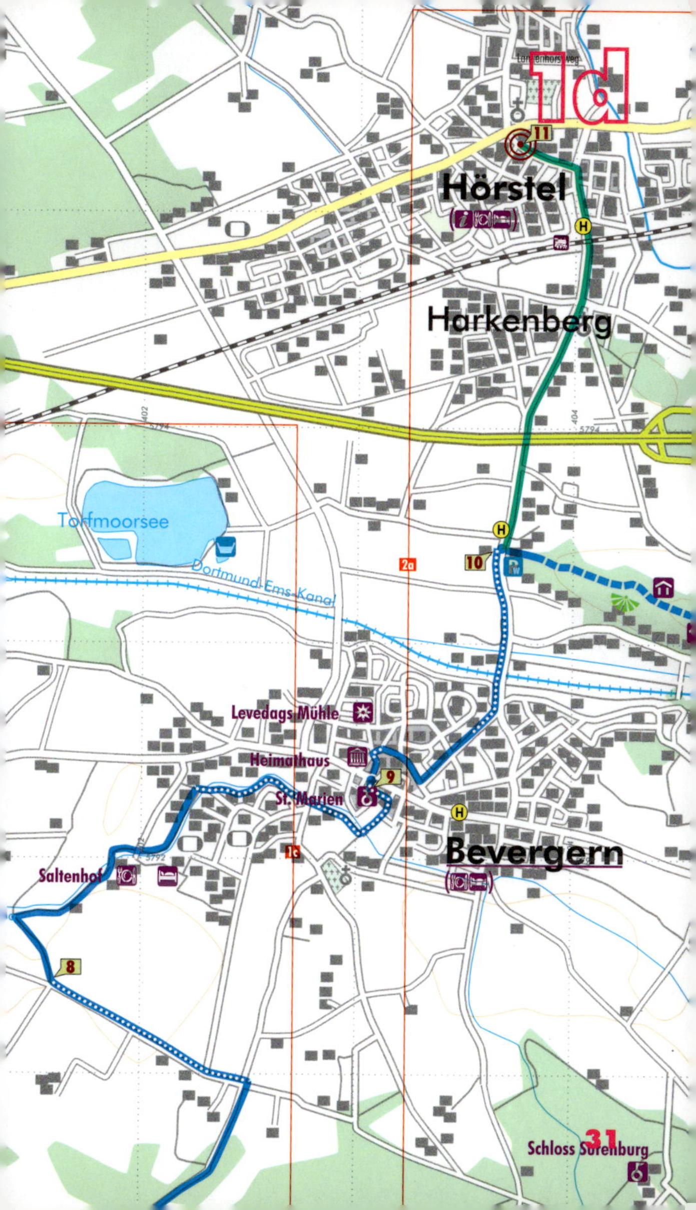
1d
Hörstel
Harkenberg
Torfmoorsee
Dortmund-Ems-Kanal
Levedags Mühle
Heimathaus
St. Marien
Saltenhof
Bevergern
Schloss Surenburg
2a
1c
8
9
10
11

Etappe 2

Bevergern/Hörstel – Tecklenburg

Länge: **22 km**

Start: **Zugang Hörstel**

Ziel: **Tecklenburg**

Gehzeit: **6,5 bis 7 Std.**

Aufstieg: **673 m**

Abstieg: **551 m**

Hartbelag: **22 %**

Spazierwege: **68 %**

Wanderpfade: **10 %**

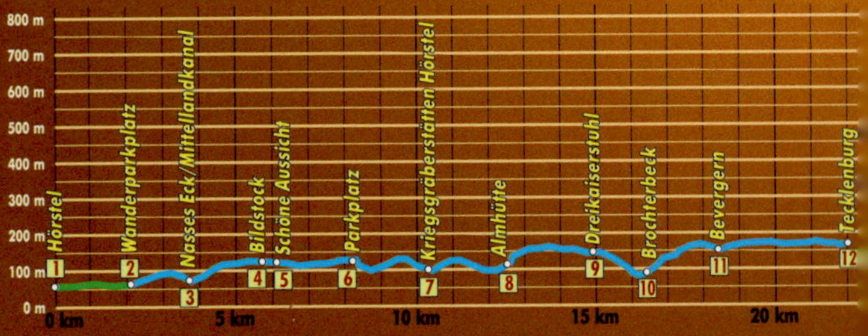

Über den Dörenther Klippen

Charakteristik: Wieder zurück auf dem Hermannsweg, steigen Sie kurz über den äußersten westlichen Kammausläufer und überqueren kurz darauf den Mittellandkanal. Direkt danach geht es auf den ersten großen Kammabschnitt zwischen Dortmund-Ems-Kanal und A 30. Die gesamte Etappe verläuft meist auf Waldwegen auf dem Kamm, den Sie bis zum Ende in Marsberg im Wesentlichen nicht mehr verlassen. Hindurch zwischen Städten und Städtchen schwingt der Weg viel hinauf und hinab und bietet bereits erste Aussichten. Sie berühren die auf der Höhe von Ibbenbüren die Sandsteinformationen von Dörenther Klippen und Dreikaiserstuhl und steigen ab nach Brochterbeck. Sie streifen den Ort, um nachher wieder den Kamm zu erklimmen. Oberhalb der Teutoburger-Wald-Eisenbahn geht es nun bis ins Städtchen Tecklenburg. Die verträumte kleine Stadt mit ihren engen Kopfsteinpflastergassen ist geprägt von der Burg und dem mittelalterlichen Marktplatz.

Hörstel

1 0,0 Folgen Sie der **Bahnhofstraße** bis Höhe Bahnhof ~ weiter auf der **Westfalenstraße** ~ über die Autobahn ~ bis zum Waldrand.

2 2,1 Neben dem **Wanderparkplatz** leicht links auf den geschotterten Weg in den Wald ~ schmaler und steiniger bergauf ~ an einer **großen Buche** vorbei ~ am **Unterstand** vorbei ~ scharf rechts bergab zur **Bergeshöveder Straße**.

3 3,6 Am Nassen Eck über den **Mittellandkanal** ~ über die Sankt-Bernhard-Straße in die Straße **Am Steinbruch**.

AUSFLUG

Entlang des Mittellandkanals empfiehlt sich ein knapp 2 km langer Abstecher zum Kunsthaus Kloster Gravenhorst.

Zum Kloster Gravenhorst 1,8 km

Gehen Sie an der St. Bernhard-Straße rechts, kurz darauf nochmals rechts ~ am Kanal scharf rechts in den Uferweg ~ unter der Autobahn hindurch ~ vor der nächsten Brücke weiter geradeaus auf der leicht rechts versetzten Asphaltstraße ~ diese entfernt sich vom Kanal ~ vor der Schlinge der Hörsteler Aa rechts ~ über eine kleine Brücke, dahinter rechts in den kleinen Weg ~ Linksbogen zum Klostergelände.

Kloster Gravenhorst, ✆ 05459/91460, ÖZ Kunsthaus: Di-Sa 14-18 Uhr, So/Fei 11-18 Uhr. Die ehemalige Abtei der Zisterzienserinnen (1256-1808) ist heute zu einem Kunsthaus restauriert. Sie zeigt auch das Kloster als Wirtschaftseinheit mit Back- und Brauhaus sowie angrenzender Klostermühle. An diesem Ort von überregionaler Bedeutung und im Umfeld finden sich Objekte der Skulptur-Biennale Steinfurt. Zahlreiche kulturelle Veranstaltungen.

Zurück zur Hauptroute können Sie wahlweise auf nur 1,3 Kilometern entlang der ruhigen K 17 gehen.

Links am **Wanderparkplatz** vorbei ~ in der Linkskurve der Straße über **drei Stufen** abzweigen ~ zunächst auf Schotter hoch auf den **Kamm** ~ Rastbank mit Vogelstein ~ weiter auf dem Kammweg ~ an einer Gabelung geht rechts ein Nordic-Walking-Weg ab, Sie bleiben links auf dem **Kammweg**.

4 5,7 Sie kommen an einen weitflächigen **Rastplatz** mit einem sogenannten **Bildstock.**

Bildstock, Station des alten Prozessionsweges von Riesenbeck zum Kloster Gravenhorst

Kloster Gravenhorst

Noch vor dem Bauwerk rechts einige Meter bis zur geschotterten Waldstraße, dort erneut rechts ~ am Abzweig zur Schönen Aussicht rechts halten, über **drei Stufen** leicht bergauf und wieder hinunter.

2a
Hörstel
Schultenort
kenberg
Gravenhorst
Mittellandkanal
Hüttenstraße
Mühlenbrook
Kloster Gravenhors
A30
Mittellandkanal
1d
Schleusenanlage "Nasses Dreieck"
Bergeshövede
Bildstock
Riesenbecker Berg
135
2b
Dortmund-Ems-Kanal
evergern
Riesenbeck
Schloss Surenburg

5 6,1 Über Stufen hinab zur **Schönen Aussicht**.

Riesenbeck

PLZ: 48477; Vorwahl: 05454

Internationale Turniere der Gespannfahrer finden jedes Jahr im Ortsteil Riesenbeck auf dem Reit- und Fahrsportgelände an der Surenburg statt.

Vom Plateau wieder hinauf und rechts über einen steilen und steinigen Pfad zurück auf den Kammweg, dort nach rechts ~ **Rastplatz** am **Gedenkstein** ~ an der Gabelung kurz dahinter bleiben Sie links auf dem Kamm ~ in weiten Bögen bis zum **Unterstand** mit **Mühlsteintisch** ~ bei den nächsten Abzweigungen auf dem Kammweg bleiben ~ unter **Hochspannungsleitungen** hindurch ~ am Linksknick der Schotterstraße rechts in den schmaleren Waldweg ~ kurz vor der Straße an der Gabelung rechts und vor bis zur Straße am **Wanderparkplatz Postdamm**.

TIPP: Von hier bis ins Zentrum Ibbenbüren sind es entlang der Straße knapp 5 km.

Ibbenbüren

PLZ: 49477; Vorwahl: 05451

Tourist-Information, Bachstr. 14, ✆ 5454540, www.ibbenbueren.de

Bergbaumuseum, Osnabrücker Straße, ✆ 899617, ÖZ: Mai-Sept., 2. und 4. Sa 14-16.30 Uhr u. n. Anm. Anhand historischer Originalmaschinen, Werkzeugen, aber auch Mineralien und Fossilien erhalten Sie einen Einblick in die faszinierende Arbeits- und Technikwelt des Bergmanns.

Motorrad-Museum, Schlickelder Str. 81, ✆ 6454, ÖZ: April-Okt., Sa 14-18 Uhr, So/Fei 10-18 Uhr. Über 150 Ausstellungsstücke stehen bereit, darunter einzigartige Raritäten wie die „Diel" von 1927.

Kletterwald in der Nähe des Aasees mit 4 Parcours von 1-15 m Höhe, ✆ 9368341

Sommerrodelbahn mit Märchenwald, Münsterstr. 265, ✆ 3226, ÖZ: April-Okt. 10-18 Uhr

Naturagart Naturerlebnispark Dörenthe, OT Dörenthe, Riesenbecker Str. 63, ÖZ: Mitte April-Okt., ✆ 59340. Großflächige Teichanlagen mit Pflanzungen, Dachbegrünung, Gewächshäusern, Wintergärten etc., in der seltene Vogelarten, verschiedene Seerosen und der Gesang tausender Froschkehlen begeistern. Ein großer Unterwasserpark mit Grotten, Höhlen und Tempeln lädt zum Tauchen ein.

Über den Dörenther Klippen

Naturdenkmal Dörenther Klippen. Die bizarren Felsformationen mit dem sagenumwobenen „Hockenden Weib" liegen südlich der Stadt im Teutoburger Wald und bieten einen herrlichen Ausblick in die Münsterländer Bucht.

Aaseebad, An der Umfluth 99, ✆ 14770. Freizeit-

2b
Kloster Gravenhorst
Ibbenbüren-Schierloh
A30
2a
dstock
4
Riesenbecker Berg
135
5
Birgter Berg
2c
Postdamm
130
6
esenbeck
Dortmund-Ems-Kanal
Lage
Birgte
408
5794
5792

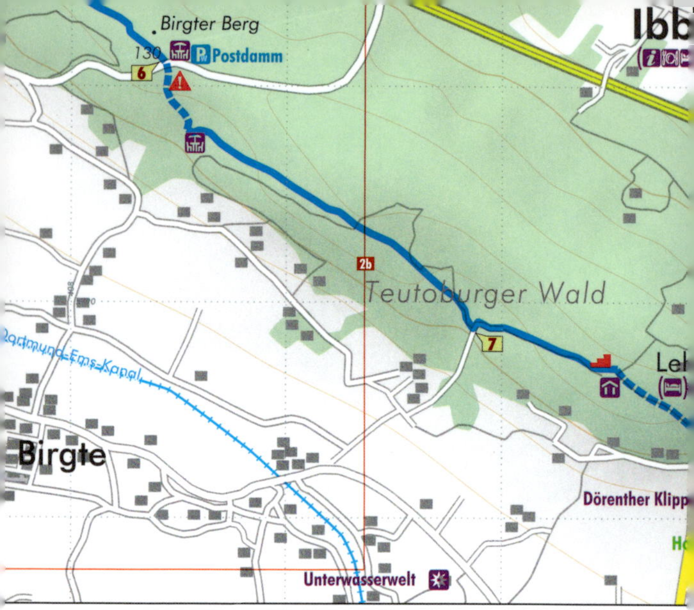

bad mit 100 m Großwasserrutsche, Wellenbecken, Massage- und Strömungsbereichen, Grotten, Kinderspielbecken u. v. m. Das 100 m² große Außenbecken ist ganzjährig nutzbar.

6 8,2 Rechts vom **Parkplatz** über die Straße ~ der steile Waldweg verliert rasch an Höhe ~ ⚠ der geröllige Weg erfordert nach Regen Trittsicherheit ~ der Weg wird besser ~ 10 m vor dem Wegedreieck links auf den breiten Waldweg ~ am **Rastplatz** mit Mühlsteintisch und **Kaiserei-Stein** vorbei ~ sandig geht es bergauf und wieder herunter.

7 10,3 Bei den **Kriegsgräberstätten Brumley** folgen Sie dem Linksbogen des Waldweges, vorbei an einem U-förmigen Teich ~ dahinter an der T-Kreuzung links

Dreikaiserstuhl

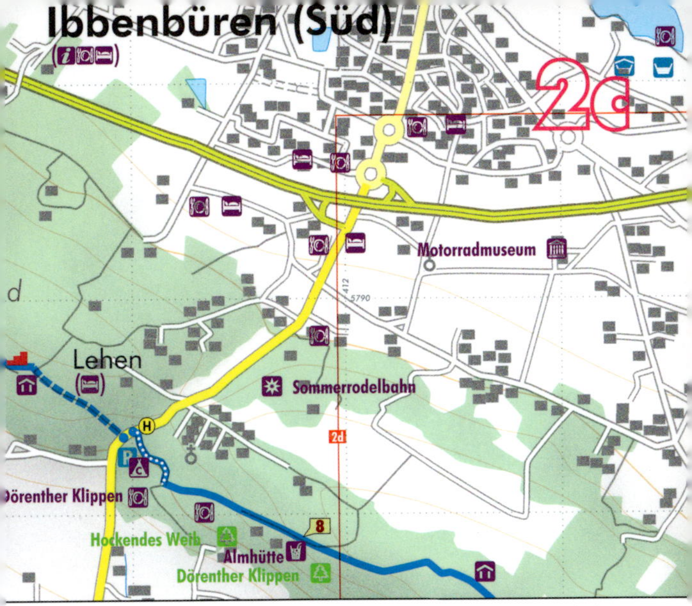

hinauf in den Waldweg, zum Teil sehr schmal ⤳ einige Stufen, wenig später am **Unterstand** links und gleich wieder rechts bergab in den Hohlweg ⤳ Sie kommen auf die befahrene **B 219**, rechts liegt der **Wanderparkplatz** ⤳ 50 m nach links ⤳ über die Straße und gegenüber in die Asphaltstraße Richtung Dörenther Klippen ⤳ dem Verlauf der Straße bis zum Ende am **Parkplatz** des Restaurants folgen.

Restaurant Dörenther Klippen, ✆ 05451/96167 u. 2553, ÖZ: Mi-Fr ab 18 Uhr, Sa ab 15 Uhr, So/Fei ab 11 Uhr

Links vom Parkplatz auf dem Waldweg wieder hoch zum **Kamm** ⤳ nach 100 m an der Gabelung links ⤳ an der nächsten Gabelung rechts steil bergauf Richtung Dörenther Klippen/Hockendes Weib.

8 **12,5** Am Ende des Aufstiegs Kiosk mit sehr schöner Freiterrasse.

Biergarten Almhütte, ✆ 05451/16203, ÖZ: ganzjährig ab 11 Uhr. Ausschank mit hochgelegener Terrasse.

Links vorbei ⤳ an der Gabelung rechts ⤳ vorbei an der Kriegsgräberstätte Ibbenbüren/Dörenther Klippen, Rastbank ⤳ Sie wandern nun für einige Zeit oberhalb der **Dörenther Klippen**.

Dörenther Klippen, 4 km lange Sandstein-Felsformation mit bis zu 40 m hohen freistehenden Felsen, darunter das Hockende Weib.

Das Hockende Weib

Eine Sage wird zu den Dörenther Klippen erzählt: In alter Zeit strömten die Fluten des Meeres oft tief ins Land hinein und füllten die Ebene bis an die Berge. In einer Hütte am Fuße der Dörenther Berge wohnte eine Frau mit ihren Kindern. Als nun die Flut nahte, nahm sie ihre Kinder auf die Arme und trug sie auf den Berg. Dort glaubte sie sich in Sicherheit. Doch mit Entsetzen sah sie, wie das Wasser weiter stieg. Als es ihr bereits bis an die Füße reichte, hockte sie sich hin und befahl ihren Kindern, sich auf ihre Schultern zu setzen. Als sie an Kraft verlor und Ihre Arme immer schwächer wurden, betete sie: „Herr im Himmel, wenn ich auch ertrinken muss, so lass doch meine Kinder leben." So wurde sie zu einem Felsblock, der aus den brausenden Fluten ragte und die Kinder trug.

Hockendes Weib

Wenig später ein **Unterstand**, danach leicht bergab ~ am **Schlagbaum** und der nächsten Kreuzung geradeaus ~ wieder etwas bergab.

9 14,9 Nach dem leichten Rechtsknick am **Schutzpilz** links dem Kammweg folgen ~ ⚠ Nicht den steilen, unwegsamen Abstieg ganz links nehmen ~ weiter geradeaus ~ kurz darauf bietet sich ein Abstecher zum **Dreikaiserstuhl** an.

✲ **Dreikaiserstuhl**, Sandsteinformation

Etwas später 20 m links vom Weg wundervolle **Aussicht** ~ ab hier deutlich bergab ~ Sie treten bei einer Streuobstwiese aus dem Wald, **Rastbank** mit Ortspanorama Brochterbeck ~ über **Schienen** ~ am ersten Haus rechts vorbei ~ Rechtsbogen bis zur T-Kreuzung mit der Straße **Zu den Klippen** ~ nach links und am **Rastplatz Im kühlen Grunde** vorbei.

TIPP: Gehen Sie an der T-Kreuzung nach rechts, gelangen Sie zur Ortsmitte von Brochterbeck.

Brochterbeck

PLZ: 49545; Vorwahl: 05482

✲ mehrfach preisgekröntes **Dorfbild** mit Mühlenteich und Bürgergarten

✲ **Teerofen** aus den 1920er Jahren

✲ Die **Teutoburger-Wald-Eisenbahn**, erbaut 1900-1903, kreuzt hier den Höhenrücken des Teutoburger Waldes. In Brochterbeck zweigt auch eine stillgelegte Nebenstrecke zum Dörenther Hafen des Dortmund-Ems-Kanals ab. Zwischen 1968 und 1978

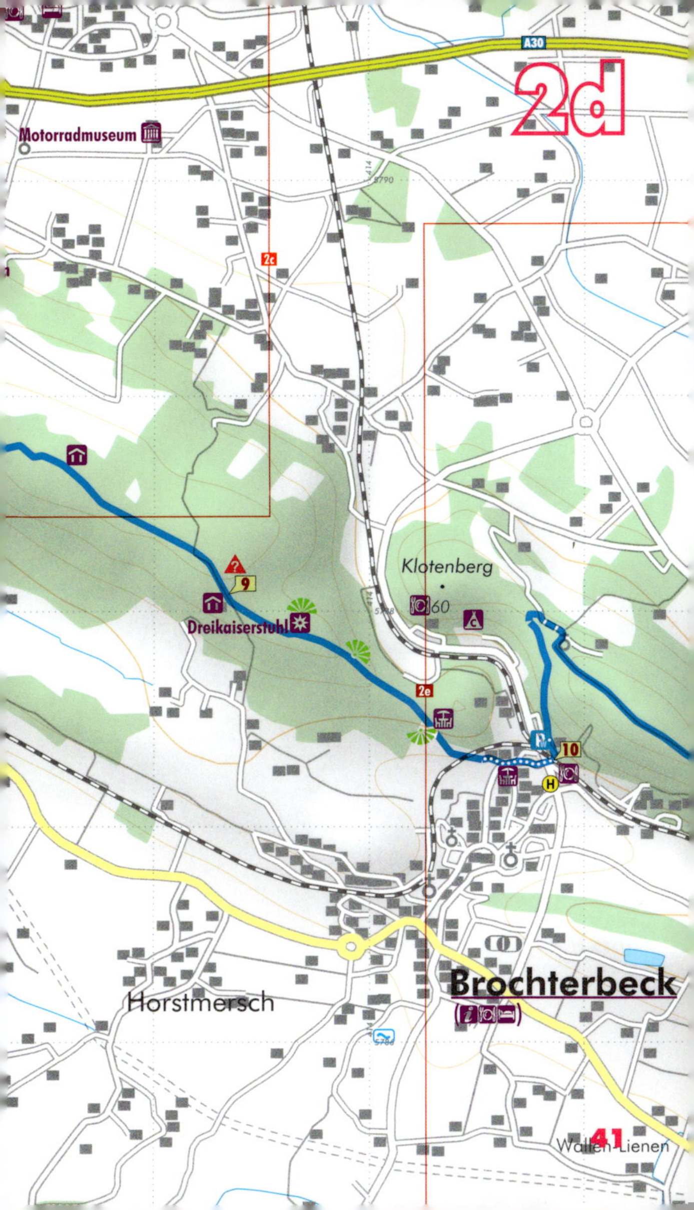
A30
2d
Motorradmuseum
414
5790
2c
Klotenberg
60
9
Dreikaiserstuhl
5788
2e
10
Brochterbeck
Horstmersch
414
5788
Wallen-Lienen

Teutoburger-Wald-Eisenbahn

war der Personenverkehr eingestellt. Heute bietet der Verein Eisenbahn-Tradition Museumsfahrten mit Dampfzügen an.

Über die K 24 auf den **Wanderparkplatz** beim Gasthof.

Hotel Teutoburger Wald, 05455/93000

10 16,4 Den **Parkplatz** und die Schienen der Teutoburger-Wald-Eisenbahn überqueren ~ unterhalb eines Hauses leicht bergauf ~ rechts hoch auf dem asphaltierten Weg ~ der Asphalt endet, weiter bergauf ~ an einer Gabelung links auf den schmaleren Weg ~ am höchsten Punkt an der Gabelung nach rechts ~ rechts leicht bergab ~ am Waldrand entlang ~ nach gut 100 m rechts in den Wald ~ im Linksbogen um eine kleine **Kapelle** ~ am rechten Rand einer Lichtung entlang.

11 18,4 An einer Kreuzung mit mehreren Wegen den zweiten halb links wählen ~ gut 2 km geradeaus Sie kommen nach Tecklenburg ~ an der Einmündung des **Tannenweges** in die Straße **Am Weingarten** geradeaus Richtung Ortszentrum ~ nach rund 400 m links von der Hauptstraße Richtung Freilichtbühne in die Straße **Am Herrengarten** abbiegen ~ an der Gabelung rechts ~ vorbei am Eingangstor zur Burg Tecklenburg und über **Treppen** bergab ~ über den Hotelparkplatz ~ durch die Fußgängerzone ~ entlang der Burgmauer ~ durch das Torhaus des ehemaligen **Meesenhofs** ~ nach dem Torbogen rechts.

Brochterbeck

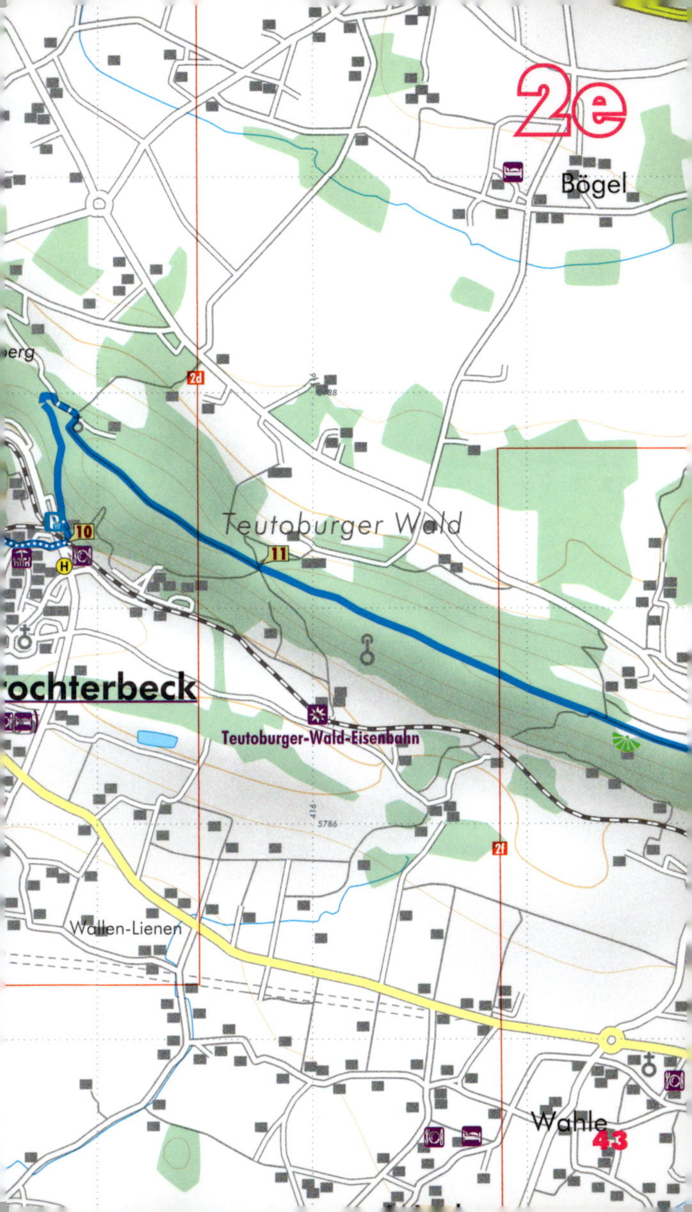
2e
Bögel
erg
2d
Teutoburger Wald
10
11
rochterbeck
Teutoburger-Wald-Eisenbahn
416
5786
2f
Wallen-Lienen
Wahle
43

Tecklenburg

12 22,0 Am **Markt** geradeaus ⇝ Sie sind am Etappenziel.

Tecklenburg

PLZ: 49545; Vorwahl: 05482

- **Tecklenburg Touristik GmbH**, Am Markt 7, ☎ 9389-0, www.tecklenburg.de
- **Puppenmuseum**, Wellenberg 1, ☎ 703700, ÖZ: April-Okt., Di, Do, Sa, So 14-17 Uhr, Nov.-März, Sa, So 14-17 Uhr. Puppen, Puppenstuben und Spielzeug, weiterhin Darstellung der Leinenproduktion.
- **Wasserschloss** Haus Marck, Führungen: April-Okt., Sa 10 und 11 Uhr. Vollständig erhaltene Schlossanlage aus dem 14. Jh. Fünf Jahre vor dem Westfälischen Frieden fanden hier Vorverhandlungen statt.
- **Ruine Tecklenburg**. Um 1250 erbaut, war die Burg bereits nach rund 500 Jahren extrem baufällig und wurde abgetragen. Die Mauersteine fanden Verwendung beim Bau des Gefängnisses. Auf dem Areal der Ruine befindet sich heute eine Freilichtbühne.
- **Geschützbastion**. Ehem. Befestigungsanlage der Burg mit unterirdischen Gewölben
- **Freilichtbühne** Tecklenburg, Schlossstr. 7, ☎ 220. Musiktheater auf der Burgruine.
- **Schiefes Haus**, Krummacherstraße. Original erhaltenes Leinenweber- und Handwerkerhaus aus dem 17. Jh.
- **Heilkräutergarten** mit Lehrpfad, im Kurpark
- **Botanischer Steingarten**, An der alten Burgmauer, ☎ 7580, Besichtigung: n. V.

Blick in die Stadt

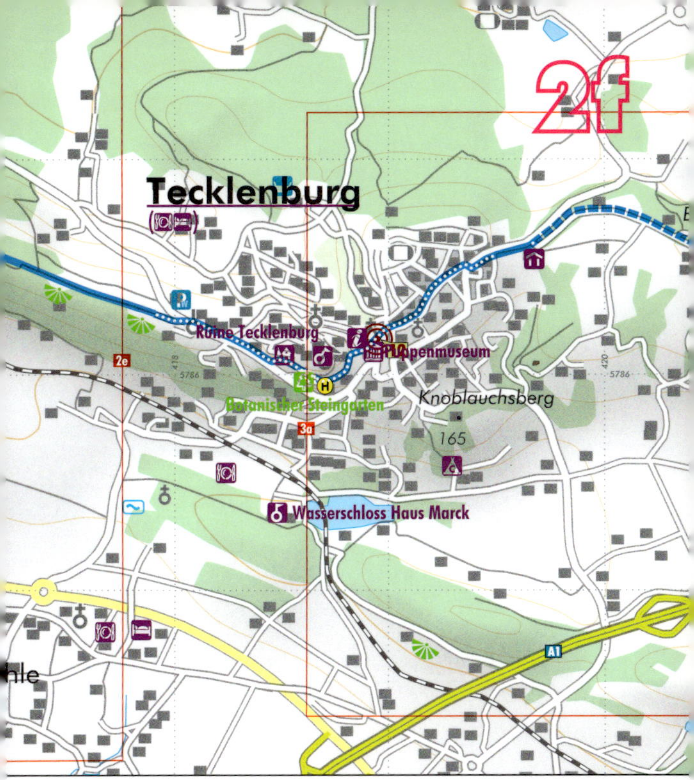

Auf dem Höhenzug des Teutoburger Waldes in traumhafter Lage befindet sich der Luft- und Kneippkurort Tecklenburg. Das nördlichste Bergstädtchen Deutschlands bietet einen wunderschönen Blick über den Naturpark „Teutoburger Wald" bis weit ins Münsterland. Sein malerischer Altstadtkern mit verwinkelten Gassen, Stiegen und Fachwerkhäusern lädt zum Bummeln und Verweilen ein. Eingebettet in die mittelalterliche Burganlage liegt der größte Anziehungspunkt der Stadt: die Freilichtbühne mit ihrem Musiktheater auf der Burg. Im Sommer finden zudem zahlreiche Märkte und Konzerte statt.

Etappe 3

Tecklenburg – Bad Iburg

Länge: 22,9 km
Start: Tecklenburg
Ziel: Bad Iburg
Gehzeit: 6 bis 6,5 Std.
Aufstieg: 480 m
Abstieg: 531 m
Hartbelag: 35 %
Spazierwege: 52 %
Wanderpfade: 13 %

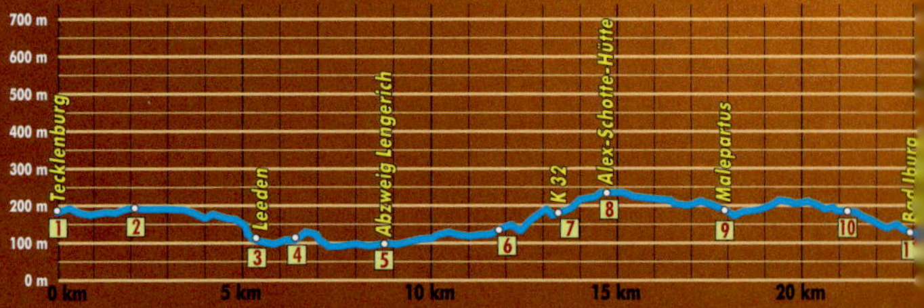

Charakteristik: Vom mittelalterlich geprägten Städtchen Tecklenburg wandern Sie entlang kleiner Straßen zunächst in einer Wald-Feld-Landschaft und überqueren schließlich die Autobahn. Sie steigen hinab nach Leeden mit dem über 750 Jahre alten Stift und bleiben damit auf den Spuren des Mittelalters. Von dort geht es allmählich wieder höher, zunächst noch durch Feldlandschaft, später dann wieder direkt auf dem Kamm. In der Nähe von Lengerich bewegen Sie sich beim Westerbecker Berg oberhalb einiger Kalksteinbrüche. Ab hier folgt der Hermannsweg fast bis zum Etappenende dem Verlauf des Kammes, der im Tal noch immer von der Teutoburger-Wald-Eisenbahn begleitet wird. Schließlich steigen Sie hinab in das Kneipp-Heilbad Bad Iburg mit der hoch thronenden Iburg, übrigens nicht die letzte Iburg auf den Hermannshöhen.

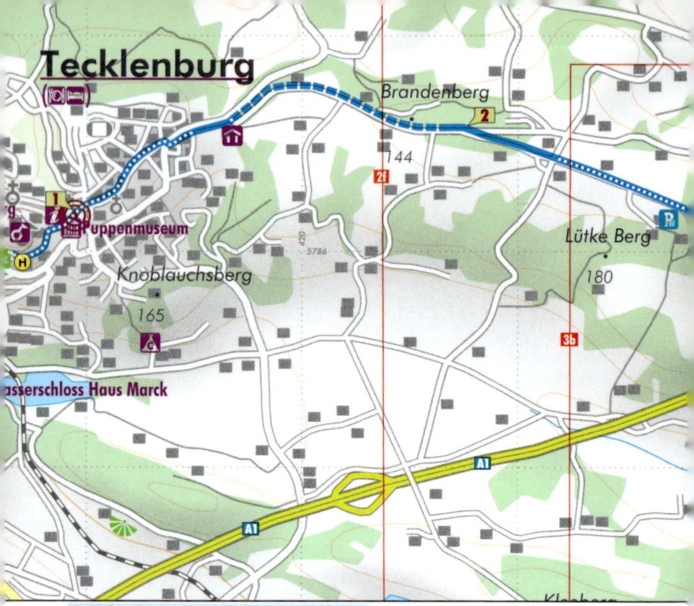

Tecklenburg

TIPP Von Tecklenburg nach Lengerich gibt es eine südliche Variante des Weges. Hier wird der ursprüngliche, nördliche Verlauf über Leeden beschrieben.

1 0,0 Links in die **Jahnstraße** ~ rechts in den gepflasterten Hohlweg ~ rechts Richtung **Chalonnes-Platz** ~ geradeaus in das **Howesträßchen** ~ an der Polizeiwache vorbei ~ über die **Pagenstraße**, sofort links halten und parallel zur Straße über einen kleinen Parkplatz neben der Straße ~ über einige **Treppen** bergauf und weg von der Straße ~ nach den Treppen links auf einen schmalen Pfad parallel zur Grafenstraße ~ den **Lehmkuhlenweg** kreuzen ~ die Zufahrtsstraße zur Hausnummer 2 queren

Blick auf Tecklenburg

⇝ der Wanderweg entfernt sich von der Asphaltstraße.

2 2,1 An der Abzweigung der geschotterten Straße **Hermannsweg** rechts ⇝ nach 500 m an der Kreuzung geradeaus ⇝ am Ende der Asphaltstraße geradeaus auf den geschotterten Weg ⇝ auf der Brücke die A 1 überqueren ⇝ an der Gabelung nach der **Hermannsbrücke** links ⇝ stets der Hauptmöglichkeit bergab nach **Leeden** folgen.

Leeden

PLZ: 49545; Vorwahl: 05456

Stiftskirche mit Äbtissinnenhaus des Zisterzienserordens aus dem 16. Jh. Im Winter 1945 wurde ein Teil der Anlage durch Bomben zerstört und bis 1954 wieder aufgebaut. Das alte Stiftshaus bei der Kirche blieb dabei nahezu vollständig verschont.

Staatsforst **Habichtswald** mit Jagdschloss der Tecklenburger Grafen.

3 5,4 Bis zur T-Kreuzung zur Straße **Stift** gegenüber der **Kirche** ⇝ an der alten Eiche steht ein **Buswartehäuschen** ⇝ die Straße schräg links überqueren ⇝ durch die Pforte auf den Vorhof der Kirche ⇝ links an dieser entlang und einige Stufen hinunter ⇝ vor dem **Fachwerkgebäude** rechts und bis zur T-Kreuzung mit der **Stiftsstraße** ⇝ links bis zur **Rosenstraße** ⇝ rechts auf dem Fußweg weiter ⇝ nach 100 m rechts in die Straße **Am Fangberg** ⇝ nach 50 m links auf den geschotterten Wirtschaftsweg ⇝ weiter bis zum Waldrand.

4 6,4 An der **Aussichtsbank** rechts und auf einem Pfad direkt hoch in den Wald ⁓ an der kaum wahrnehmbaren Gabelung links weiter ⁓ wenig später an der T-Kreuzung links ⁓ am Ende der Lichtung nach rechts wieder in den Wald hinein ⁓ kurz darauf an der T-Kreuzung links auf den breiten Waldweg ⁓ Rechtskurve ⁓ der Weg führt weiter bergab und endet auf einer kleinen Straße nahe einiger Häuser ⁓ rechts auf die Asphaltstraße ⁓ nach ca. 250 m noch vor dem Rechtsbogen halblinks in die junge Allee ⁓ Rechtsbogen ⁓ 150 m vor den Häusern links in die **Talstraße**.

5 8,4 An der Kreuzung dem Linksbogen der Asphaltstraße folgen.

AUSFLUG Gehen Sie hier geradeaus und an der Hauptstraße links, kommen Sie in 3 Kilometern ins Zentrum von Lengerich.

Lengerich

PLZ: 49525; Vorwahl: 05481

- **Tourist-Information**, Rathauspl. 1, ✆ 82422, www.lengerich.de
- 4.000 Jahre altes **Megalith-Grab** an der Landstraße nach Brochterbeck
- **Römer.** Das um 1250 errichtete Torhaus in der Nähe des Rathausplatzes war früher ein Friedhofstor.
- **Wasserschloss Haus Vortlage** mit Ursprung im 16. Jh.
- **Hallen- und Freibad**, In den Rietbroken 6-8, ✆ 5577

Vorbei am **Rastplatz** der Rechtskurve folgen ⁓ über die Bahn und bis zur T-Kreuzung ⁓ links in den **Tunnelweg** ⁓ folgen Sie dem Straßenverlauf in einer Rechts- und

Johannesgarten über Lengerich

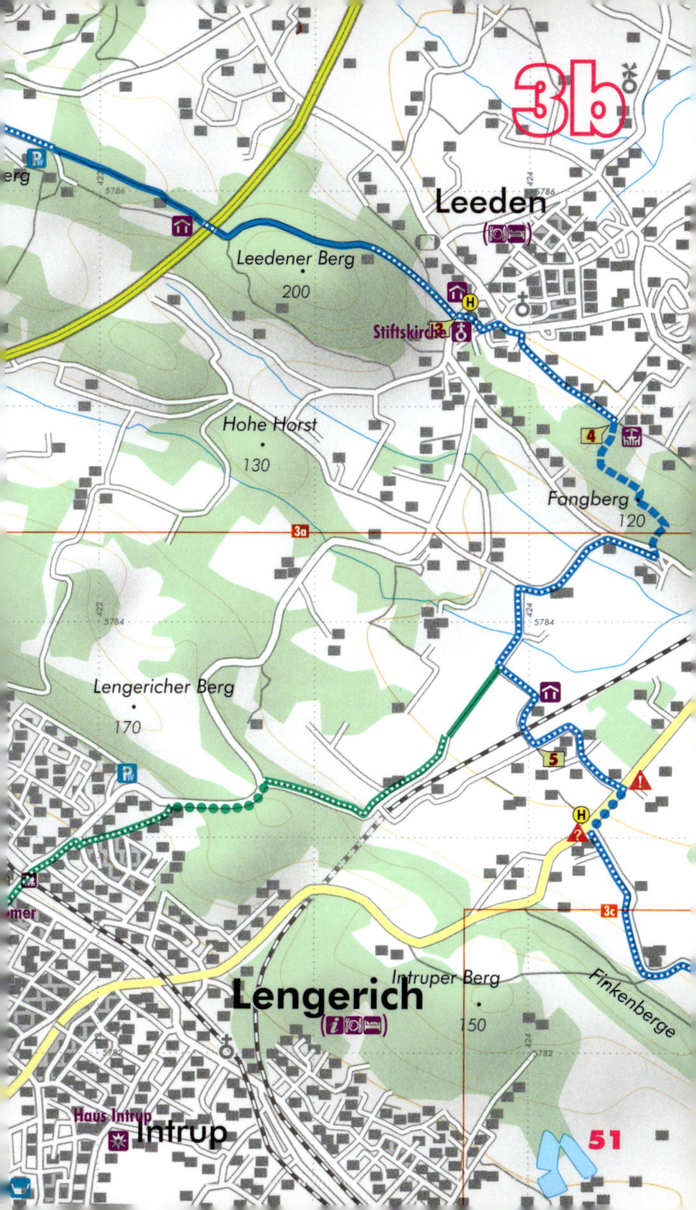
3b
Leeden
Leedener Berg
200
Stiftskirche
3
4
Hohe Horst
130
Fangberg
120
3a
Lengericher Berg
170
5
3c
Intruper Berg
150
Finkenberge
Lengerich
Haus Intrup
Intrup
5786
5784
5782
422
424

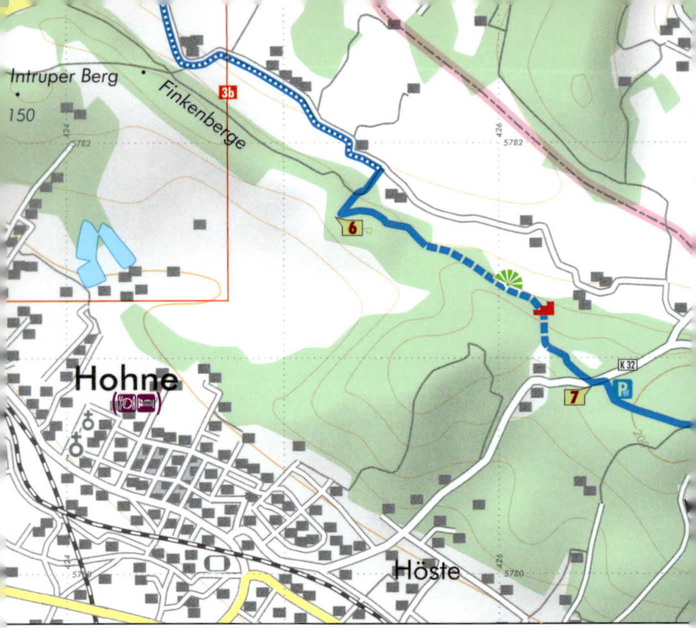

einer S-Kurve ⤳ ⚠ an der T-Kreuzung mit der vielbefahrenen **L 555** über die Straße und ca. 250 m nach rechts ⤳ auf Höhe des Bushaltestellenschildes links in die **Schollbrucher Straße**, ⚠ Vorsicht, Markierung leicht zu übersehen ⤳ entlang locker gestreuter **Gehöfte** am Fuße der Finkenberge ⤳ nach dem Umrunden eines Gehöftes

Am Fuß der Finkenberge

in einer S-Kurve nach ca. 150 m rechts auf einen Wiesenweg ~ hoch zum Waldrand.

6 11,8 100 m später an der Dreieckskreuzung links auf dem Waldweg ~ am Waldrand entlang ~ ca. 100 m später **Aussichtsbank** ~ hinter der **Durchfahrtssperre** wird der Weg sehr schmal ~ der Weg entfernt sich vom Waldrand und gewinnt über **Stufen und Spitzkehren** an Höhe ~ wieder herab und in einer Linkskurve bis zum Waldrand ~ dort nach rechts in den breiten Waldweg ~ gleich wieder links ~ bis zur Landstraße.

7 13,4 Nach Überqueren der **K 32** links und für ein paar Meter parallel zur Straße ~ rechts abbiegen und weg von der Straße ~ unter der **Hochspannungsleitung** hindurch ~ oberhalb des Steinbruches auf dem geschotterten Weg bleiben ~ nach gut 400 m links ~ nach wenigen Metern an einer T-Kreuzung links ~ nach 50 m rechts.

8 14,7 Bei der **Alex-Schotte-Hütte** vorbei am höchsten Aussichtspunkts des Münsterlandes, dem **Westerbecker Berg** (236 m) ~ an der T-Kreuzung am Rand des Steinbruches links ~ nach rund 1,5 km die Asphaltstraße beim **Wanderparkplatz** kreuzen ~ im Links-rechts-Schwenk über die nächste Asphaltstraße ~ schmaler

wurzeliger Pfad ⇝ halb links weiter bergauf ⇝ an der Gabelung rechts bergab ⇝ links auf den asphaltierten Weg.

9 17,9 An der Zufahrt zur **Waldwirtschaft Malepartus** geradeaus.

Waldwirtschaft Malepartus, Malepartusweg 6, ✆ 05483/8337, ÖZ: Fr-Mi 11-23 Uhr

In der Tierfabel bezeichnet der Begriff Malepartus die Wohnung des Fuchses und erscheint in einer Reihe von Fabeln. Vor allem in der niederdeutschen und später auch von J. W. Goethe bearbeiteten Mär von Reineke Fuchs kommt ihm eine tragende Rolle zu. Bereits im ersten Gesang tritt der Begriff auf.

Im übertragenen Sinne wird Malepartus auch für das Refugium eines schlechten Menschen verwendet, beispielsweise bei G. Kellers Zürcher Novellen.

AUSFLUG Von hier aus sind es ca. 1,5 km ins Ortszentrum von Lienen.

Lienen

PLZ: 49563; Vorwahl: 05483

Haus des Gastes, Diekesdamm 1, ✆ 724010

Barfußpfad, Start am Haus des Gastes. Auf 2,5 km können Sie über vielerlei Naturmaterialien gehen, dabei auch über eine Feuchtwiese und durch einen Bach. Beim Ziel gibt es einen spannenden Wasserspielplatz.

Historischer Ortskern mit liebevoll restaurierten Fachwerkhäusern.

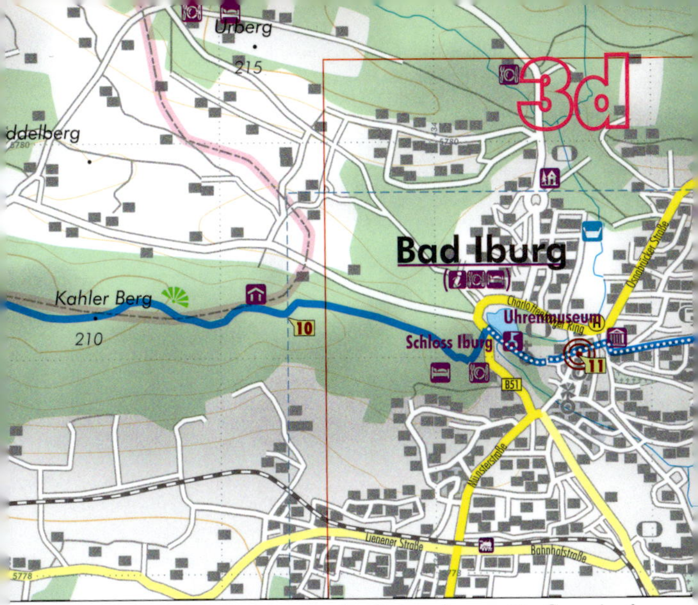

Hallenfreibad, Holperdorper Str. 37, ✆ 74298

Nach rund 300 m an der Gabelung links hoch ↝ an der T-Kreuzung mit der Forststraße rechts ↝ am **Schaipers Pütt** vorbei

Schaipers Pütt, künstlicher Brunnen, an dem vormals Schafherden getränkt wurden. Im Sommer oftmals trocken.

An einem Umkehrplatz mit einem **Unterstand** geradeaus.

10 21,2 Gut 700 m später an der Gabelung links Richtung Kamm ↝ am Kamm rechts ↝ an der Gabelung rechts bergab ↝ vor dem Hotel-Parkplatz scharf links an der **Holperdorper Straße** scharf rechts zum **Charlottenburger Ring** ↝ über die Hauptstraße ↝ auf der anderen Straßenseite rechts ↝ links über eine kleine Brücke ↝ vor dem Charlottenteich rechts und über eine Brücke ↝ durch eine Minigolfanlage ↝ links bergauf Richtung Stadtmitte.

11 22,9 Bei der Kirche haben Sie das Ziel der Etappe erreicht.

TIPP Das hiesige Schloss Iburg ist nicht mit der gleichnamigen Burgruine bei Bad Driburg zu verwechseln, auf die Sie später am Eggeweg treffen können.

Bad Iburg

PLZ: 49186; Vorwahl: 05403

- **Tourist-Information**, Schlossstraße 20, ✆ 796780, www.badiburg.de
- **Uhrenmuseum**, Am Gografenhof 5, ✆ 2888, ÖZ: Mo-So 10-17.30 Uhr. Sammlung mit über 800 Uhren, darunter auch 17 Kirchturmuhren.
- **Heimatkundliches Museum / Averbecks Speicher**, Glane, Averbecks Hof 5, ✆ 780486, ÖZ: Mi und So 15-17 Uhr. Restaurierter Speicher mit Dauerausstellung zu heimat- und textilkundlichen Themen, z. B. Trachtenzubehör aus der Region.
- **Schlossmuseum** im Schloss, ✆ 796780, ÖZ: April-Okt., Fr-So 14-17 Uhr, Nov.-März, Fr-So 14.30-17 Uhr, Führungen n. tel. Vereinb.: ✆ 796780. Doppelanlage aus Benediktinerabtei (11. Jh.) und fürstbischöflicher Residenz. Dokumentiert wird die Entstehungsgeschichte der Doppelanlage anhand interessanter Schaustücke. Im Museum untergebracht ist das Münzkabinett mit der Dauerausstellung „Münzen und Medaillen aus 800 Jahren Münzgeschichte des Osnabrücker Landes".
- Fleckenskirche **St. Nikolaus**, älteste Hallenkirche im Osnabrücker Land
- **Klosterkirche St. Clemens**, kath. und ev.-luth. Schlosskirche (1667)
- **Schloss Iburg** (1070). Eines der ersten Gebäude war eine Holzkapelle. Später wurde eine Benediktinerabtei gegründet, die bis 1803 bestand. Die Doppelanlage aus Kloster und Burg war über Jahrhunderte Sitz der Bischöfe von Osnabrück. Heute befinden sich zwei Kirchen auf dem Gelände, die katholische St. Clemens-Kirche und die evangelisch-lutherische Schlosskirche. Im Schloss ist der Rittersaal einen Besuch wert, die Deckenmalereien von Andrea Alovisii sind ein herausragendes Beispiel perspektivischer Scheinarchitektur.
- **Altes Forsthaus Freudenthal** (1594/1650), ehemaliges Jagdschlösschen
- Städt. Freibad, Sebastian-Kneipp-Allee, ✆ 542482

Schloss Iburg

Die Geschichte Bad Iburgs ist eng mit der Iburg verbunden. Bischof Benno II. ließ im späten 11. Jahrhundert auf den Trümmern einer alten Burg die Iburg und ein Benediktinerkloster errichten. Er war ein enger Freund des deutschen Kaisers Heinrich IV. und vermittelte im Investiturstreit zwischen jenem und Papst Gregor VII. Mitte des 18. Jahrhunderts wurde die Klosteranlage barockisiert. Rund um den Burgberg entstand eine ansehnliche kleine Stadt, die im Hochmittelalter das Stadtrecht erhielt.

Sophie Charlotte, erste preußische Königin und Großmutter Friedrichs des Großen, wurde hier geboren.

1959 erhielt Iburg erneut die Stadtrechte und wurde nach der staatlichen Anerkennung als Kneipp-Heilbad 1967 in Bad Iburg umbenannt.

Die Stadt liegt am Südhang des Teutoburger Waldes. Die waldreiche und von Wander- und Radwanderwegen durchwobene Umgebung bietet mit ihren Museen ein beliebtes Ziel einerseits für Ausflüge, aber auch für einen ganzen Urlaub. Die Wellnesseinrichtungen des Bäderbetriebs tragen ihren Teil dazu bei.

Etappe 4

Bad Iburg – Dissen

Länge: **16,8 km**
Start: **Bad Iburg**
Ziel: **Dissen**
Gehzeit: **5 bis 5,5 Std.**
Aufstieg: **520 m**
Abstieg: **431 m**
Hartbelag: **27 %**
Spazierwege: **51 %**
Wanderpfade: **22 %**

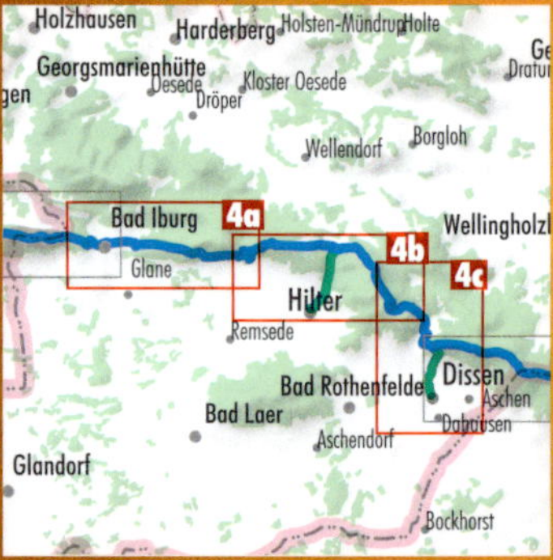

Blick über Dissen

Charakteristik: Nachdem Sie Bad Iburg verlassen haben, geht es sehr direkt wieder auf den Kamm zurück, dem Sie mit seinen Waldwegen auf der gesamten Etappe entlang zahlreicher Höhen und Berge folgen werden.

So geht es gleich hinter Bad Iburg über den Kleinen Freeden, später am Fuße des Großen Freeden entlang. Gleichmäßig über die Etappenlänge verteilt geht es dreimal recht direkt bergauf. Vom Waldrand hinter der Freedenhütte bietet sich Ihnen schöne Aussicht über die Münsterländer Tieflandsbucht Richtung Bad Laer. Beim Abzweig Hilter queren Sie an einem natürlichen Übergang über den Teutoburger Wald die A 33. Weiter geht es durch die Noller Schlucht, bevor Sie vom Hermannsweg wenig später zum Etappenziel Dissen absteigen.

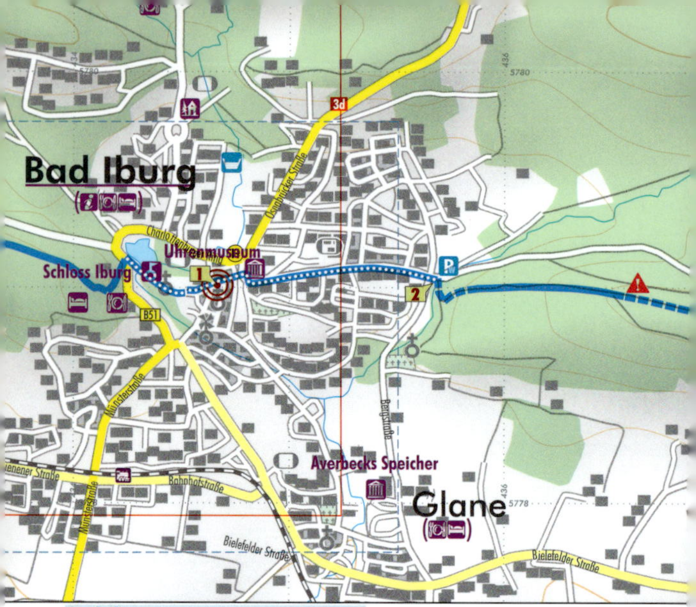

Bad Iburg

1 0,0 Geradeaus Richtung Uhrenmuseum ⁓ aus der **Schlossstraße** kommend zur Straße **Am Gografenhof** ⁓ erst rechts, dann links halten in die Straße **Hagenberg**.

2 1,1 Am Ende der Straße geradeaus auf den **Wanderparkplatz** P, diesen überqueren und rechts halten ⁓ direkt hinterm **Schlagbaum** links steil hoch ⁓ an der Gabelung links halten ⁓ der Weg wird breiter ⁓ an der nächsten großen Gabelung geht es rechts hinab nach Sentrup, Sie gehen links hoch und bleiben auf dem Kamm ⁓ ⚠ ab jetzt zum Teil auf Kalkstein, der bei feuchter Witterung hohe Trittsicherheit erfordert.

Beim Großen Freeden

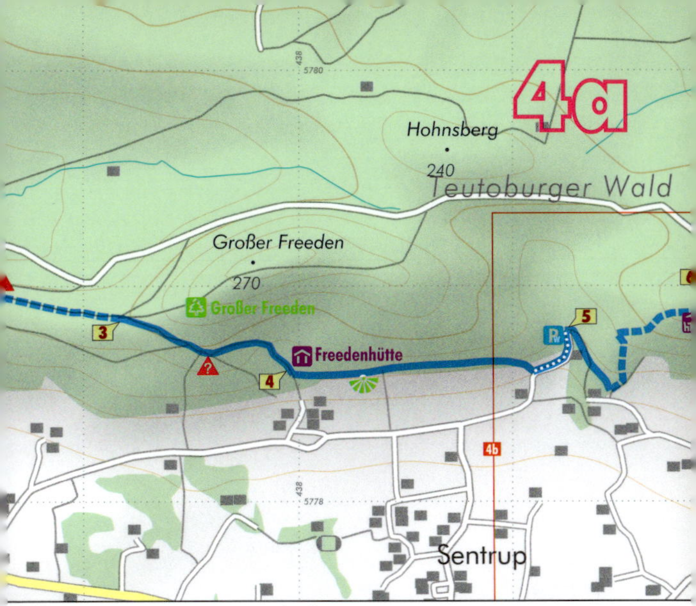

3 2,7 Der enge Kammwegsverlauf endet in der Schlinge einer Waldstraße ~ leicht rechts auf die sanft bergab führende Straße ⚠ Achtung: wählen Sie trotz etwaiger Ausschilderung nicht den mittleren Pfad hinauf auf den **Großen Freeden**.

Großer Freeden. Der Kalksteinkern des steilen Höhenzuges lässt vielfältige Buchenmischwälder gedeihen.

Kurz darauf kreuzt eine **Schneise** ~ an der rechten **Spitzkehre** der Waldstraße auf einem Waldweg, ⚠ jedoch nicht direkt geradeaus, sondern leicht links ~ nach 300 m dem Rechtsbogen folgen.

4 3,6 Bis zum **Rastplatz Freedenhütte**, dahinter links über ein **Plankengerüst** ~ ab einer **Aussichtsbank** verläuft der Weg am Waldrand ~ weiter am Waldrand ~ auf einem Wiesenweg ~ an der T-Kreuzung zur Asphaltstraße kurz rechts hinunter an dem **Schlagbaum** vorbei ~ an der T-Kreuzung zum **Freedenweg** links.

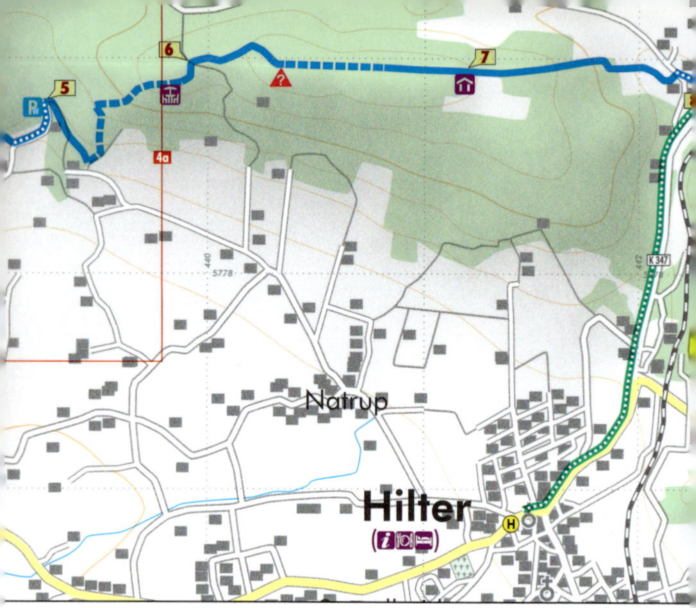

Der Lerchensporn bietet dem Wanderer im Frühjahr ein sinnbetörendes Schauspiel. Großflächig bedeckt er die kalkhaltigen Hänge des Gebietes um den Freeden und säumt auch die Ränder der Wege. Seine Blüten zeigen sich in Farbtönen von violett über rot bis weiß.

5 5,1 Nach 300 m am schattigen **Wanderparkplatz** rechts in den Waldweg ~ nach 10 m ggf. über ein **Rinnsal** und dem Wegverlauf folgen ~ an der Gabelung links Richtung Hilter ~ am Waldrand links ~ der Weg führt links wieder in den Wald und wird schmaler ~ an der Gabelung rechts ~ an der nächsten Gabelung links ~ Linksbogen

Lerchensporn beim Wehdeberg

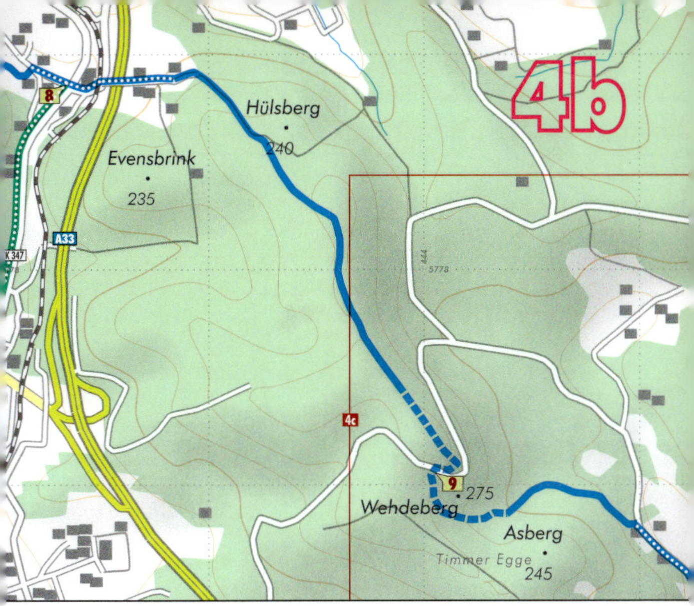

~ nach dem steilen Aufstieg an einer **Rastbank** vorbei.

6 6,3 Bei der Kreuzung an der **alten Buche** rechts Richtung Hilter, nun wieder breiter ~ kurz danach an der Gabelung links ~ bei der nächsten Wegeinmündung dem Wegverlauf folgen ~ bald darauf sind Sie oben angekommen ~ der Weg kann bei Regen aufgeweicht sein ~ kurz darauf ist der Weg besser befestigt.

7 7,6 Nach dem **Unterstand** kurz aus dem Wald ~ etwas später an der Kurve des von rechts kommenden Weges geradeaus und wieder in den Wald, ab hier bergab ~ der S-Kurve des Weges folgen ~ an der Asphaltstraße links und gleich wieder scharf rechts in die Straße **Zum Kalkbruch**.

8 8,9 Bis zur befahrenen K 347 und diese überqueren.

TIPP: Auf der Landstraße abwärts gelangen Sie in gut 2 km nach Hilter.

Hilter a. T. W.

PLZ: 49176; Vorwahl: 05409, 05424

- **Gemeinde Hilter a. T. W.**, Osnabrücker Str. 1, ✆ 05424/23180
- **Johannes der Täufer-Kirche** (1859) mit Orgel aus dem 17. Jh.
- Barockes **Rathaus** (1752)

Geradeaus weiter auf der **Borgloher Straße** ~ über die Gleise ~ Linksschwenk und danach rechts abbiegen ~ über die A 33 ~ an der Gabelung vor dem Haus rechts ~ am Waldrand rechts ~ im Wald zweimal rechts halten.

9 12.0 Über die Forststraße und weiter auf dem schmalen Steig ~ nach rund 600 m an einer T-Kreuzung links leicht bergab ~ an der Asphaltstraße am Waldrand rechts ~ bei den ersten Häusern halb links zur Vorfahrtstraße ~ an der **L 94** rechts und nach wenigen Metern links abbiegen.

10 14,0 Am **Wanderparkplatz** über den kleinen Bach ~ in den Weg **Noller Schlucht** ~ nach knapp 100 m rechts auf einen schmalen Steig ~ links abzweigen ~ langer Linksbogen und kurzer, steiler Anstieg ~ an einer T-Kreuzung rechts.

11 15,0 Weiter auf einem schmalen Weg, bis es links steil hoch geht.

TIPP Das Etappenziel liegt etwas abseits vom Verlauf des Wanderweges.

Wo links der Weg steil bergauf führt, weiter geradeaus und hinab zum Waldrand ~ rechts in die Straße **Zum Petersbrink** ~ in einer leichten S-Kurve geradeaus in die Straße **In der Loh** ~ an der T-Kreuzung links in die **Mühlenstraße** ~ an der T-Kreuzung links in die **Große Straße**.

12 16,8 Am **Karlsplatz** sind Sie am Etappenziel angelangt.

Dissen

PLZ: 49201; Vorwahl: 05421

i **Stadt Dissen**, Große Straße 33, ✆ 3030

St. Mauritius-Kirche (1276) mit historischem Kirchplatz, eines der ältesten Bauwerke der Stadt.

Historisches **Rathaus**, erbaut als Amtssitz der Regierungsbeamten Karls des Großen. 2004 wurde es komplett saniert. Der ehemalige Meierhof wurde von Ludwig dem Frommen an den Bischof von Osnabrück überschrieben und beherbergt seit 1934 das Rathaus.

Jazzclub im historischen Bahnhofsgebäude, ✆ 2863. Hier finden regelmäßig Konzerte des überregional bekannten Jazzclubs statt.

Der Jazzclub Dissen-Bad Rothenfelde ist über die Jahre zu einer überregionalen Größe im Bereich des Jazz herangewachsen und genießt mittlerweile ein hervorragendes Renomee in Deutschland und vielen westlichen Nachbarstaaten. Nicht zuletzt wegen seines stimmigen Ambientes, aber auch der reibungslosen Organisation und seines guten Publikums wegen ist er beliebter Auftrittsort. Der Club stellt vor allem Bands aus den Bereichen des Traditional Jazz auf die Bühne. Jeweils im August wird ein Jazz-Festival veranstaltet. 2002 gab es erstmals die dreitägige Veranstaltung „New Orleans meets Osnabrück", zu der 5.000 Besucher kamen.

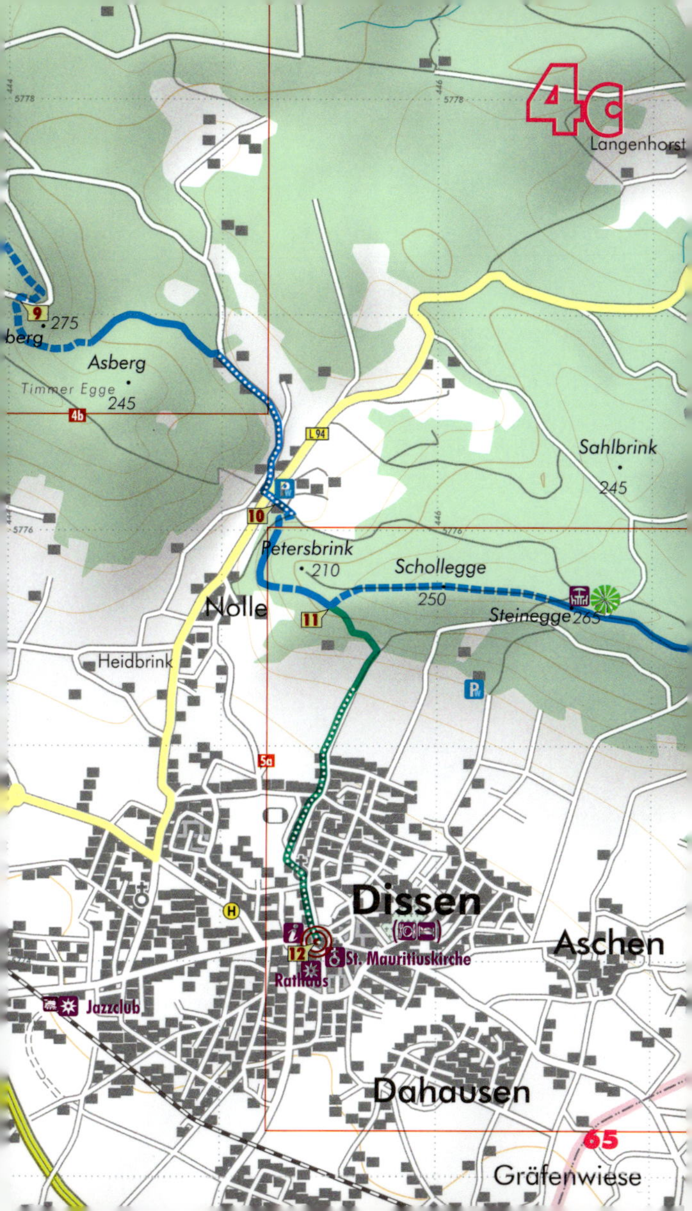
4c
Langenhorst
5778
444
446
9
275
berg
Asberg
Timmer Egge
245
4b
L 94
Sahlbrink
245
10
5776
Petersbrink
210
Schollegge
250
Steinegge
265
11
Nolle
Heidbrink
5a
H
Dissen
Aschen
12
St. Mauritiuskirche
Rathaus
Jazzclub
Dahausen
Gräfenwiese

Etappe 5

Dissen - Halle/Westfalen

Länge: **21,4 km**

Start: **Dissen**

Ziel: **Halle**

Gehzeit: **6,5 bis 7 Std.**

Aufstieg: **620 m**

Abstieg: **691 m**

Hartbelag: **30 %**

Spazierwege: **51 %**

Wanderpfade: **19 %**

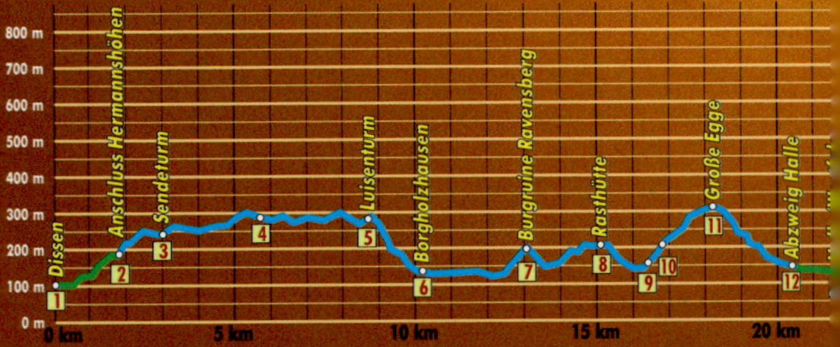

Charakteristik: Diese Etappe verlässt den Kamm einmal für ein paar Kilometer, ansonsten geht es in leichtem Auf und Ab auf den gewohnten Waldwegen entlang. Längere Aufstiege gibt es nur beim Einstieg und im letzten Viertel, hinauf zur Großen Egge.

Von Dissen geht es zunächst zurück auf den Kamm. Entlang klangvoller Höhenzüge wie Schollegge, Steinegge, Hankenüll, Hollandskopf und Johannisegge folgen Sie dem Hermannsweg, bis Sie den Luisenturm erreichen. Es folgt ein langer Abstieg von 300 auf 130 Meter zum hübschen Städtchen Borgholzhausen in flacher Umgebung. Sie streifen die Innenstadt und verlassen den Ort. Wenig später geht es hinauf zur Burgruine Ravensberg, als nächstes dann am Barenberg entlang. Bis zur Großen Egge sind nun 150 Höhenmeter zu überwinden. Von dort begeben Sie sich in den Abstieg zur Stadt Halle/Westfalen und verlassen dafür den Verlauf des Hermannsweges.

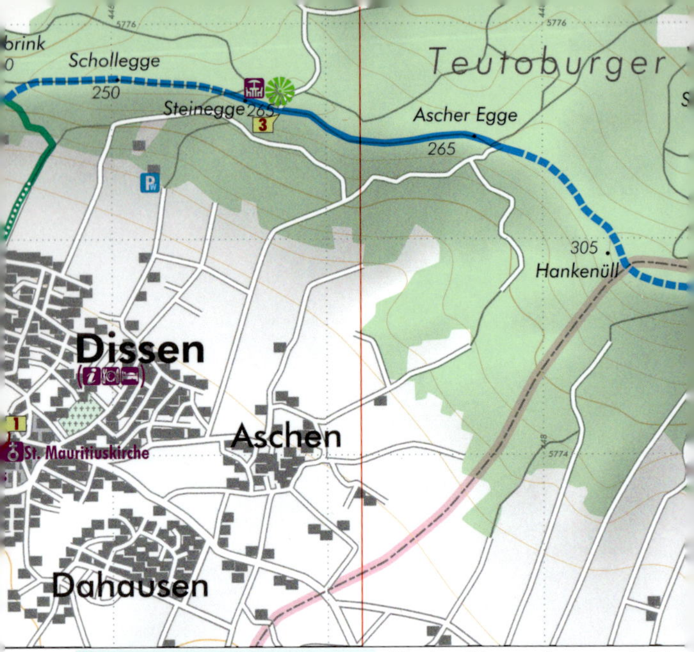

Dissen

1 0,0 Vom **Karlsplatz** auf der **Großen Straße** bis zur **Mühlenstraße**, hier rechts ⁓ bei der dritten Möglichkeit rechts in die Straße **In der Loh**, später **Zum Petersbrink** ⁓ am Waldrand links in den Waldweg ⁓ 250 m hinauf bis zum Anschluss Hermannsweg.

2 1,8 Vom Hermannsweg kommend links abzweigen und steiler bergauf ⁓ nach wenigen Metern am Kamm rechts ⁓ nach rund 1 km bei der Kreuzung geradeaus ⁓ an der Gabelung bei der Holzbrücke rechts.

3 3,0 Geradeaus am **Sendeturm** mit Aussichtsplattform vorbei ⁓ am **Hankenüll** geradeaus und 1 km entlang der Landesgrenze.

4 5,7 An der T-Kreuzung mit einer Forststraße rechts ⁓ 150 m später diese nach links auf den schmalen Kammweg verlassen ⁓ an einer Kreuzung mit mehreren Wegen in den zweiten Weg links ⁓ nach rund 1,5 km bei **Sendeturm** und Windrad rechts ⁓ rechts halten zur **Luisenturmhütte** ⁓ an deren Parkplatz geradeaus in einen leicht ansteigenden Weg.

Luisenturm (1991). Der mittlerweile vierte Turm auf der Johannisegge (291 m) ist bis zur Plattform 16 m hoch und bietet bei guter Wetterlage eine Fernsicht bis zur Porta Westfal

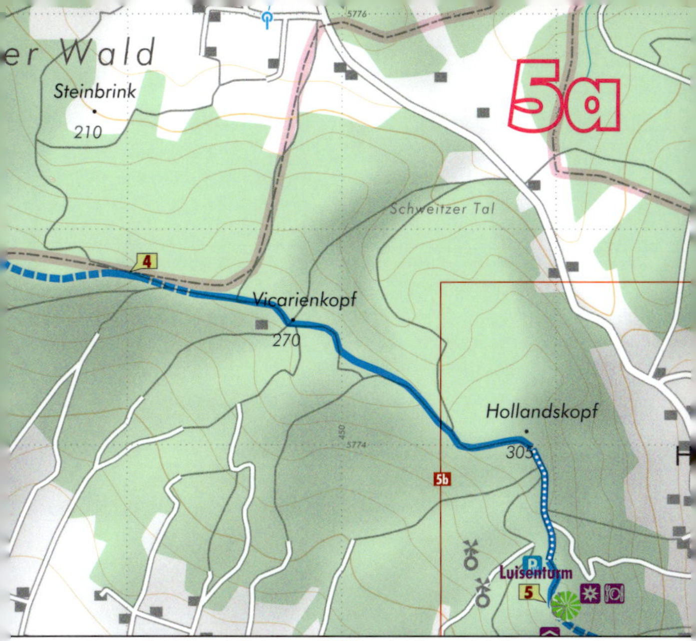

a. Der erste Turm wurde 1893 im Gedenken an uise von Preußen errichtet.

Gaststätte Luisenturmhütte, ✆ 05425/466, ÖZ: ganzjährig Sa 14-18 Uhr, So/Fei 0-18 Uhr

Blick vom Luisenturm

5 8,7 Im leichten Linksbogen vorbei an **Luisenturm** und **-hütte**.
Im Abstieg an der T-Kreuzung links ~ an der Gabelung links ~ an der T-Kreuzung links, der Weg wird besser und breiter ~ gleich darauf an der Gabelung rechts in die Straße **Am Hardenberg** ~ an der **Teutoburger Straße** rechts ~ bei der **Tankstelle** links in die **Freistraße** ~ in der Rechtskurve der

Vorfahrtstraße geradeaus in die **Innenstadt**.

Borgholzhausen

PLZ: 33829; Vorwahl: 05425

Tourist-Information im Rathaus, Masch 2, ✆ 807-62

Heimat-und Kulturhaus, Freistr. 25, ✆ 7600. Denkmalgeschütztes Ackerbürgerhaus mit einzigartiger Ammonitensammlung. Wechselnde Ausstellungen.

Ev. **Pfarrkirche** (14. Jh.) der Grafen von Ravensberg, eine der ältesten Kirchen im Kreis Gütersloh. Eine Besonderheit bildet der steingeschnitzte Altar (1501).

ehemaliger **Milchpilz** am Bahnhof, heute als Imbiss genutzt. In Deutschland und Österreich gibt es noch ganze 5 dieser Kioske aus den 1950er Jahren.

Die Stadt liegt auf einem Pass, der einen leichten Übergang über den Teutoburger Wald bildet. Diese strategisch günstige Lage war entscheidend für Gründung und Entwicklung des Ortes, der 1719 zur Stadt erhoben wurde. Leinenspinner und Honigkuchenbäcker siedelten sich an. Fleischwarenfabriken und die erste Dampfmolkerei Westfalens trugen zum Wohlstand der Stadt bei.

6 10,2 Direkt am kleinen Platz scharf rechts in die Straße **Finkenau** ~ an der T-Kreuzung rechts in die **Dr.-Wilhelm-Upmeyer-Straße** und links in die **Ravensberger Straße** ~ an der T-Kreuzung mit der Straße **Kleines Moor** rechts, gleich darauf links in den **Barenbergweg** ~ über die Kreuzung ~ an der Gabelung rechts auf der Straße bleiben ~ am Abzweig zum **Wanderparkplatz** weiter geradeaus ~ vom Waldrand auf einer Waldstraße bergauf ~ folgen Sie dem Linksknick des Weges.

TIPP: **Rechts sind es nur wenige Meter bis zur Burgruine Ravensberg.**

Burgruine Ravensberg (11. Jh.), Turmbesteigung April-Okt., So/Fei 11-17 Uhr. Die Stammburg der Grafen von Ravensburg wurde etwa zeitgleich mit der nicht weit entfernten Iburg gebaut. Sie diente dem Edelherrn Hermann II. von Calvelage zur Sicherung seiner Besitztümer. Durch die Lage der Burg ließen sich die Straßen von Münster ins Weser-Tal und der Osning-Hellweg kontrollieren.

Kiosk Schinkelsches Gast- und Forsthaus, ✆ 05425/9329923, ÖZ: Mi-So 10-18 Uhr

7 13,0 An der Gabelung links, wieder bergab ~ kurz nach den ersten Häusern an der kreuzenden Asphaltstraße geradeaus in den Waldweg ~ in den Wald und leicht bergauf ~ an der Gabelung links halten ~ der Weg beschreibt zahlreiche Bögen ~ an der T-Kreuzung rechts ~ weiter in sanften Bögen auf halber Hanghöhe des **Barenberges**.

8 15,1 An der Kreuzung hinter dem **Unterstand** geradeaus bzw. leicht links ~ die Straße führt in leichten Bögen bergab ⚠ und kann nach starkem Regen rutschig sein ~ an der kreuzenden Waldstraße geradeaus ~ direkt hinter der Kreuzung links halten ~ zwischen zwei Weihern hindurch und auf der **Brücke** über das Bächlein ~ direkt dahinter an der T-Kreuzung rechts ~ nach 100 m an der Lichtung sehr scharf links in den bergauf führenden Waldweg.

Winkelshütten
5b
llandskopf
305
Hengeberg
210
Holland
5a
Luisenturm
5
Violabach
Borgholzhausen
Sundern
180
Pfarrkirche
6
Heimat- und Kulturhaus
Riesberg
220
nghausen
Barenberg
270
7
Burgruine Ravensberg
8
5c
Hesseln

9 16,4 An der Wegkehre steht eine **Rastbank** ~ an der Gabelung kurz darauf rechts in den aufsteigenden Weg ~ am Ende der Rechtskurve an der Gabelung wieder rechts in den aufsteigenden Abzweig ~ der geröllige Weg wird noch etwas steiler ~ nach 150 m rechts in den kreuzenden Waldpfad ~ dem Wegverlauf im Linksbogen weiter bergauf folgen.

10 16,8 Wenig später endet der Weg in der **Spitzkehre** eines breiten Waldweges, Sie steigen geradeaus weiter zum Kamm hinauf ~ bei den folgenden Abzweigen jeweils links halten bzw. auf dem Kamm bleiben ~ der Weg ist noch immer geröllig ~ Sie bleiben geradeaus auf dem **Kammweg**, der jetzt von besserer Qualität ist ~ vorbei an einem Wegkreuz, noch immer leicht aufwärts ~ bei einmündenden Wegen und der nächsten Kreuzung geradeaus.

11 18,2 Kurz hinter dem **Sendeturm** erreichen Sie den höchsten Punkt der Großen Egge mit 312 m ~ der Kammweg-Verlauf endet zunächst an einer T-Kreuzung im Linksbogen einer Straße, Sie folgen links dem Hermannsweg ~ nach gut 100 m an der T-Kreuzung rechts in die breite Waldstraße ~ am Ende eines Rechtsbogens beim **Unterstand** links und weiter entlang einer Wiese ~ am ersten freien Blick nach rechts steht eine schöne **Aussichtsbank** ~ ab hier ist der Weg asphaltiert und führt im großen Rechtsbogen ins Tal ~ geradeaus auf den Bürgersteig der **Wertherstraße** ~ bleiben Sie rechts auf dem Bürgersteig, der sich kurz von der Straße trennt.

12 20,4 Geradeaus bis zur Brücke der L 782, das Ortseingangsschild von Halle ist bereits zu sehen.

INS ZENTRUM Um zum Etappenziel zu gelangen, wird der Wanderweg vorübergehend verlassen.

Vom Hermannsweg nach Halle ***1 km***

Wollen Sie nach Halle, folgen Sie dem Verlauf der **Wertherstraße** bis zur **Langen Straße** ~ links bis zum Kirchplatz.

13 21,4 Sie haben Ihr heutiges Etappenziel erreicht.

Bei Halle

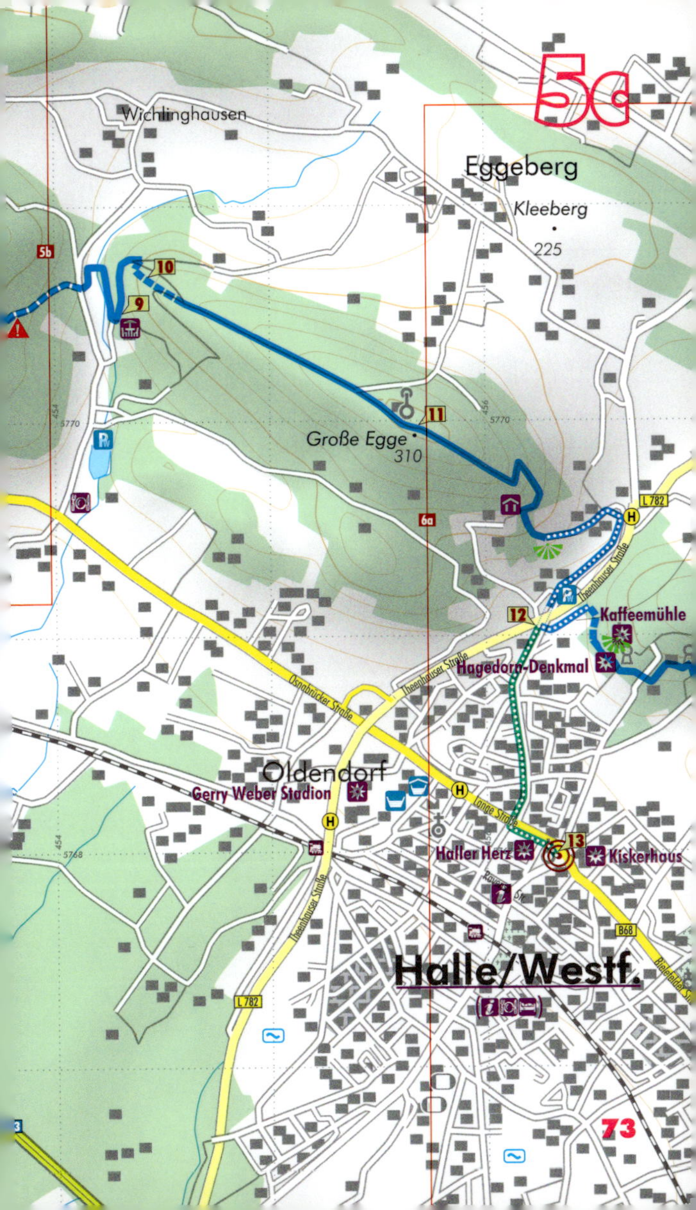
5c
Wichlinghausen
Eggeberg
Kleeberg
225
5b
10
9
11
Große Egge
310
5770
454
456
6a
L 782
Theenhauser Straße
12
Kaffeemühle
Hagedorn-Denkmal
Osnabrücker Straße
Oldendorf
Gerry Weber Stadion
Lange Straße
13
Haller Herz
Kiskerhaus
5768
B68
Bielefelder Str.
Halle/Westf.
L 782
73

Halle/Westfalen

Rathaus, Ravensberger Str. 1, ✆ 183129

Museum für Kindheits- und Jugendwerke bedeutender Künstler, Kirchplatz 3, ✆ 10333, ÖZ: Do-So 10-17 Uhr. Einzigartig auf der Welt gibt es hier Werke bedeutender Künstler aus deren Kindheit und Jugend zu sehen. Darunter finden sich u. a. August Macke, Ernst Ludwig Kirchner, Pablo Picasso, Otto Dix, Emil Nolde und Albrecht Dürer. Die Museumsräume befinden sich beim Haller Herz im mutmaßlich ältesten Gebäude der Stadt (1246).

Kiskerhaus, Kiskerstr. 2, ✆ 183253, ÖZ Galerie: Mo-Fr 8-12 u. 15-18 Uhr. Regelmäßige Ausstellungen mit Regionalbezug und Schwerpunkt Bildende Kunst.

Alte Lederfabrik, Alleestr. 66, ✆ 4364. Seit gut 10 Jahren gibt es in der alten Fabrik Güttgemanns mehr als 20 Ateliers und Werkstätten verschiedener Künstler/innen und Kunsthandwerker/innen. Ein Verein organisiert gemeinsame Ausstellungen.

St. Johanniskirche (13. Jh.) auf dem Kirchplatz. Das ursprünglich quadratische Gebäude wurde im 15. und 19. Jh. erweitert.

Haller Herz, Fachwerk-Kirchringbebauung von eindrucksvoller Geschlossenheit im mittelalterlichen Ortskern. Auch in der nahegelegenen Bahnhofstraße befinden sich weitere sehenswerte Fachwerkbauten.

Kiskerhaus, s. o. Stammhaus der Kisker-Brennereien. Der heute die Volkshochschule beherbergende Bau (1692) diente als Wohnhaus und Kontor. Zum Gebäudekomplex gehören weiterhin das Schinkenhaus, die Destille (19. Jh.) mit der erhaltenen Destillieranlage und die Remise (1880), seinerzeit Lager und Werkstattschuppen.

Haller Wilhelm. Das Denkmal auf dem Ronchin-Platz erinnert an Wilhelm Stukemeyer, der als letzter Pferdefuhrmann zwischen Halle und Bielefeld Passagiere und Waren beförderte. Die 1886 eröffnete Bahnstrecke löste ihn ab und trägt ihm zu Ehren seinen Namen.

Gerry Weber-Stadion, Weststraße. 1992 gebaute Multifunktionsarena mit einer Kapazität von über 12.000 Plätzen. Ursprünglich für Rasentennisturniere gedacht, finden in dem überdachbaren Stadion neben unterschiedlichsten Sportveranstaltungen auch Rock- und Klassikkonzerte sowie TV-Shows statt.

Halle liegt im Ravensberger Land. Das Gebiet der Stadt gehörte früher zur Grafschaft Ravensberg, die im Gegensatz zu den benachbarten Fürstentümern immer ein weltliches Besitztum blieb.

Nach 1505 wurde in der Gemeinde über 400 Jahre Kohle- und Erzbergbau betrieben. Auf dem Kamm des Teutoburger Waldes wurde auch nach oberflächennahen Erzen gesucht. Als Kohle preiswerter aus dem Ruhrgebiet geliefert werden konnte, wurden im Jahre 1883 die Grabungen beendet.

Zu einer kurzen Wiederbelebung kam es, als 1923 das Ruhrgebiet von französischen Truppen besetzt wurde.

Halle/Westfalen

Halle erhielt im Jahre 1719 das Stadtrecht vom preußischen König Friedrich Wilhelm I. zugesprochen. Unter Napoleon kam es eine Zeitlang unter französische Herrschaft. Die Stadt war zeitweise sogar geteilt, da die Grenze zwischen dem Kaiserreich Frankreich und dem Königreich Westfalen durch sie verlief.

Bis ins 19. Jh. blieb Halle landwirtschaftlich geprägt, veränderte sich jedoch mit der einsetzenden Industrialisierung. Die Bedeutung der Stadt wuchs, nicht zuletzt des Anschlusses an die Eisenbahnstrecke wegen.

Etappe 6

Halle/Westfalen – Bielefeld

Länge: 17,7 km
Start: Halle
Ziel: Bielefeld, Ratsgynnasium
Gehzeit: 5,5 bis 6 Std.
Aufstieg: 614 m
Abstieg: 637 m
Hartbelag: 29 %
Spazierwege: 62 %
Wanderpfade: 9 %

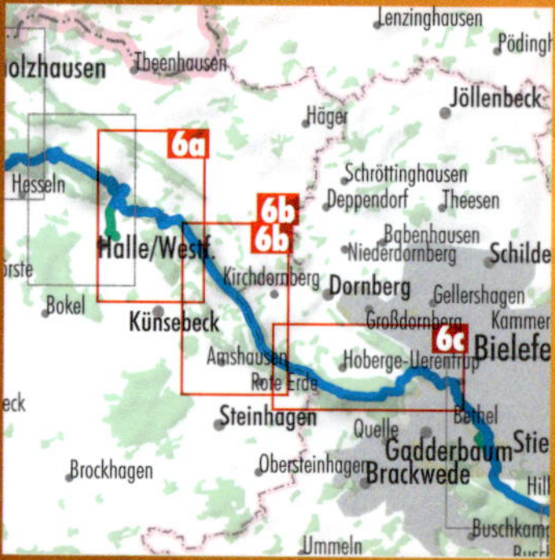

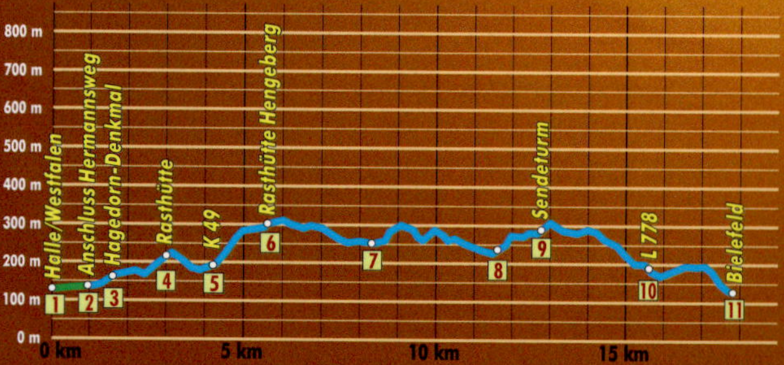

Charakteristik: Das Gelände auf dieser Etappe ist recht bewegt, es gibt jedoch nur einen längeren Aufstieg von der K 49 bis zum Hengeberg. Sie bleiben auch heute stets am Kamm.

Am Stadtrand von Halle zu Füßen der Kaffeemühle passieren Sie das Hagedorn-Denkmal mit seiner schönen Aussicht auf die Stadt. Ab der K 49 bis Bielefeld bleiben Sie auf dem hier besonders schmalen Kamm, links und rechts fallen die Hänge steil ab. Sie kommen vorbei am Bußberg und der Schwedenschanze. Nach Passieren der Hünenburg geht es an den Abstieg hinunter nach Bielefeld. Durch das rund um die Uhr offene Gelände des Tierparks Olderdissen gelangen Sie nach Unterquerung der B 61 und der Eisenbahn direkt an den Rand der Altstadt von Bielefeld. Es liegt nahe, sich für diese etwas mehr Zeit zu nehmen.

Halle/Westfalen

1 0,0 Biegen Sie von der **Langen Straße** rechts in die **Wertherstraße** ab ~ bis kurz vor die Brücke der L 782.

2 1,0 Direkt unter der Brücke über die Wertherstraße und in den asphaltierten Weg gegenüber und nach links ~ ca. 200 m parallel zur Landstraße ~ nach Eintritt in den Wald rechts in den schmalen Waldweg ~ nach 100 m rechts in den Waldpfad ~ nach 100 m an der Gabelung links.

TIPP In einer Waldschneise zur Linken liegt über Ihnen die sogenannte Kaffeemühle, zu der ein Aufstieg allein der Aussicht wegen unbedingt lohnt.

Kaffemühle (18. Jh.) am Hang des Berges Knüll, erbaut von Hermann Hagedorn.

Hagedorn-Denkmal (1836), errichtet zu Ehren Hermann Hagedorns

3 1,6 Vom **Hagedorn-Denkmal** haben Sie eine hervorragende Sicht auf das pittoresk im Tal liegende Halle ~ der Weg verläuft nahe des Waldrandes ~ nach 100 m über die asphaltierte Straße und gleich links in den Waldweg, zunächst parallel zur Straße ~ die Landschaft öffnet sich nach rechts ~ rechts an einem **Fachwerkhaus** vorbei auf einem Schotterweg nahe des Waldrandes ~ kurz hinter dem **Walter von der Vogelweide-Denkmal** rechts bergab.

Walter von der Vogelweide-Denkmal (1930), errichtet zum 700. Todesjahr auf Initiative eines Männergesangsvereins, der dort alljährlich sein traditionelles Pfingstsingen abhält.

Nach 100 m an der T-Kreuzung links in den Waldweg ~ an der Kreuzung mit

Kaffeemühle

einer größeren Waldstraße deren Verlauf nach links folgen, sanft bergan ~ bei der nächsten Einmündung von rechts weiter geradeaus, lassen Sie sich nicht von den vielen Wegweisern nach rechts irritieren, der Hermannsweg geht geradeaus den Berg hoch ~ nach einem Rechtsbogen wird der Weg zum schmalen Pfad, links erstreckt sich eine Talsenke.

4 3,3 Am **Unterstand** in einer Linkskurve aus dem Wald ~ links die Wiese hinab ~ nach 120 m dem Linksknick folgen, gleich darauf halbrechts bis zur Straße **Berghagen**, dort rechts ~ an der Kreuzung links auf die **K 49**.

5 4,2 500 m sanft hinauf bis zum Waldstreifen auf dem Kamm.

AUSFLUG Folgen Sie der K 49 und halten sich rechts, kommen Sie ins Stadtgebiet von Werther.

geberg
Kleeberg
225
6a
Rotingdorf
Werther/Westf.
L 782
Theenhauser Straße
Knüll
Kaffeemühle
orn-Denkmal
Walther von der Vogelweide-Denkmal
Storkenberg
235
Grüner Weg
Ascheloh
Lotteberg
220
458
5768
5770
5c
6b
B68
Bielefelder Straße
le/Westf.
Hengeberg
Großer Berg
235
1
2
3
4
5
6

Werther/Westfalen

PLZ: 33824; Vorwahl: 05203

Böckstiegelhaus, Schlossstr. 111, ✆ 0521/11237, Führungen n. Vereinb. Ursprünglich erhaltenes Geburtshaus des Malers Peter August Böckstiegel. Durch die von ihm gestaltete Farbgebung, Schnitzereien, Mosaike und Glasfenster ist das Haus selbst ein Kunstwerk. Zu sehen sind verschiedenste Werke des Künstlers aus mehreren Schaffensperioden.

Böckstiegelpfad, auf dem Stationen und Werke des Künstlers in der Natur nachempfunden werden können.

Beim Waldstreifen rechts in die asphaltierte Straße und an der Gabelung direkt dahinter nochmals rechts in den **Hohlweg** ~ recht direkt auf den **Kammweg** ~ an der Gabelung links auf dem ansteigenden, gerölligen Weg ~ ca. 100 m danach ist der Aufstieg im Wesentlichen beendet ~ weiter geradeaus.

6 5,6 **Unterstand** auf dem 315 m hohen **Hengeberg** ~ knapp 1 km später bietet sich eine grandiose Aussicht rechts ~ der Kamm ist hier selten breiter als 8 m ~ beständig recht direkt bergab ~ an der nächsten Kreuzung geradeaus, der links Weg führt zum Restaurant Bergfrieden.

Restaurant Bergfrieden, ✆ 05203/97220, ÖZ: Mo-Mi, Fr, Sa, So ab 11 Uhr

An der unmittelbar folgenden Gabelung links bzw. geradeaus weiter ~ auch an der folgenden Kreuzung weiter geradeaus auf dem Kamm.

7 8,3 Kurz hinter einer **Bank** an der Kreuzung geradeaus, links geht es zum Parkplatz Schwedenschanze ~ geradeaus am Kamm bleiben ~ an der Dreiergabelung die mittlere Möglichkeit wählen ~ stets gerade steil bergauf ~ vorbei an der **Berghütte Schwedenschanze**.

Berghütte Schwedenschanze, ÖZ: So/Fei 10-17 Uhr. Ca.100 Jahre altes Ausflugslokal auf dem 306 m hohen Bußberg.

Auf dem **Kammweg** bleiben und über den **Palsterkamper Berg** ~ nach gut 2 km an der Gabelung links in den **Unterkammweg**.

Heimat-Tierpark Olderdissen

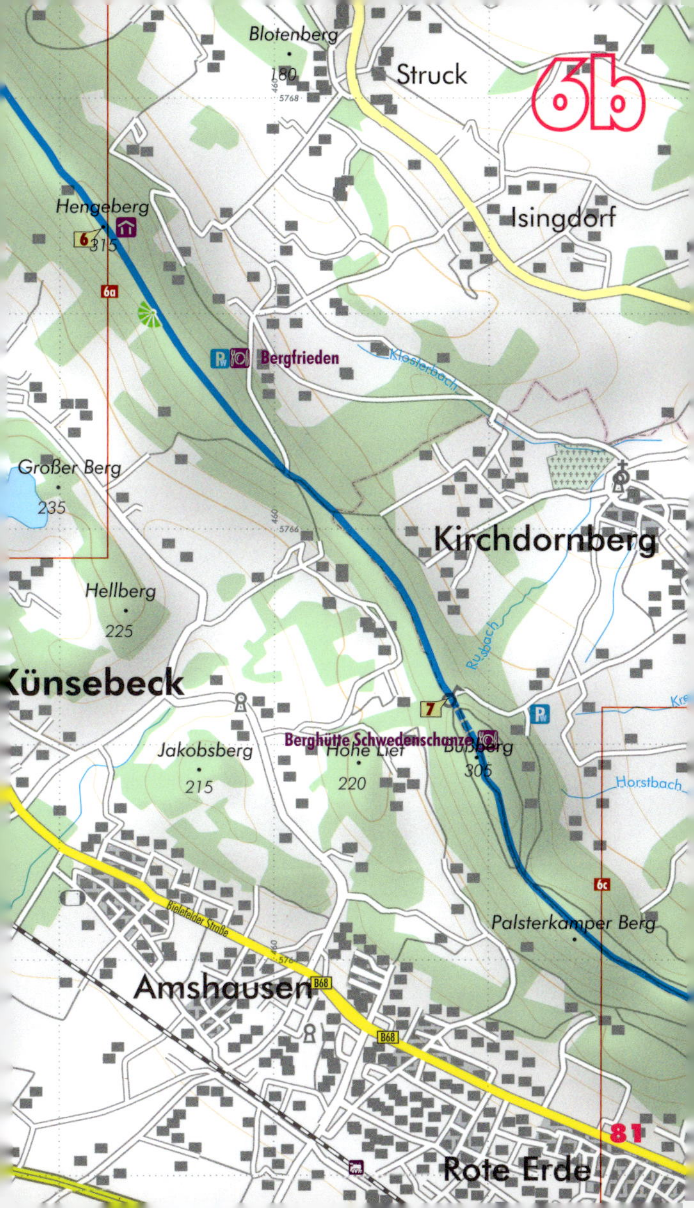

6b
Blotenberg
180
Struck
Hengeberg
6
315
6a
Isingdorf
Bergfrieden
Klosterbach
Großer Berg
235
Kirchdornberg
Hellberg
225
Rußbach
Künsebeck
7
Berghütte Schwedenschanze
Jakobsberg
215
Hohe Lief
220
Bußberg
305
Horstbach
6c
Palsterkamper Berg
Bielefelder Straße
Amshausen
B68
Rote Erde
81

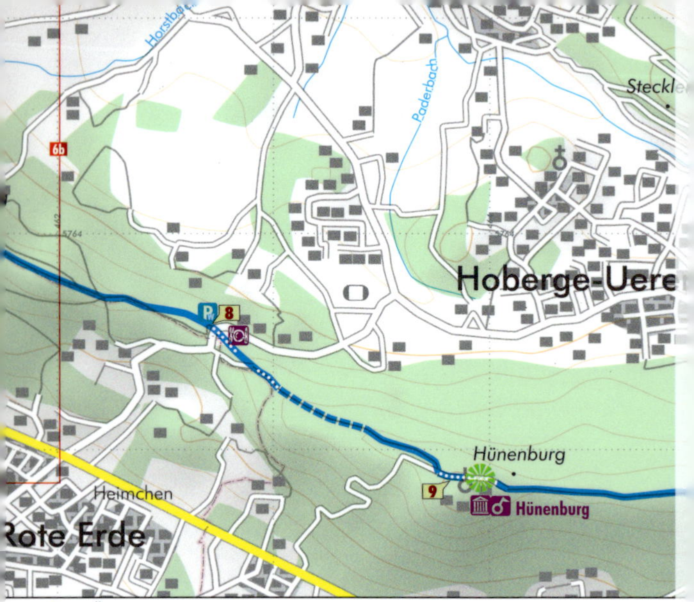

8 11,6 Über die Bielefelder Straße ~ vor der **Gaststätte** rechts und durch den Gastgarten ~ bergauf, zunächst auf Asphalt ~ kurzes, schmales Asphaltband ~ kurz steiler bergauf ~ immer geradeaus auf die **Hünenburgstraße** ~ an der Gabelung noch vor dem **Sendeturm** links auf Asphalt.

9 12,7 Unterhalb des Turmes vorbei.

Hünenburg. Von der alten germanischen Burg auf dem 302 m hohen Hünenberg sind nur noch wenige Gesteinsreste zu sehen. Auf dem Gelände stehen heute ein 165 m hoher Fernmeldeturm, ein 40 m hoher Aussichtsturm und ein Museum mit Café.

An der Gabelung rechts ~ auf dem Kamm bleiben ~ nach gut einem Kilometer rechts abzweigen ~ unmittelbar darauf Linkskurve um die **Stapenhorst-Hütte** ~ an einer Kreuzung mit mehreren Wegen die zweite Möglichkeit rechts wählen ~ an einer Kreuzung mit einem gepflasterten Weg links.

Heimat-Tierpark Olderdissen, Dornberger Str. 149a, ✆ 0521/512956, ÖZ: tägl. rund um die Uhr. Auf 15 ha gibt es hier über 430 Tiere in 100 verschiedenen Arten.

Meierhof Olderdissen, Dornberger Str. 147a, ✆ 0521/5202112, ÖZ: Mo-So 10-20 Uhr

Beim **Kiosk** rechts halten ~ links von der Asphaltstraße abbiegen ~ an der Gabelung vor einem Gehege links bergab ~ durch das Tor den **Tierpark** verlassen.

10 15,6 Über die **L 778** ~ durch ein kurzes Waldstück und an der nächsten Vorfahrtstraße rechts ~ kurz hinter einem **Imbissstand** rechts in die Straße **Am Johannisberg** ~ Linksbogen vor einem Parkplatz und die Asphaltstraße nach links in eine Parkanlage verlassen ~ an einem Pavillon rechts steil bergab ~ über mehrere **Treppen** bergab ~ links halten ~ links weiter bergab parallel zur **B 61** ~ rechts in die lange Unterführung und geradeaus ~ an der Kreuzung geradeaus

11 17,6 Am Ratsgymnasium sind Sie am Etappenziel angelangt.

TIPP Direkt links von Ihnen befindet sich die Altstadt von Bielefeld, zum Markt sind es nur einige hundert Meter.

Beim Obersee nördlich von Bielefeld

Bielefeld

PLZ: 33501–33739; Vorwahl: 0521

Tourist-Information im Neuen Rathaus, 33602 Niederwall 23, ✆ 516999, www.bielefeld.de

Bauernhaus-Museum, Dornberger Str. 82, ✆ 5218550, ÖZ: Di-Fr 10-18 Uhr, Sa-So 11-18 Uhr. Das älteste Freilichtmuseum Westfalens, seit 1917 auf der Ochsenheide in Bielefeld, beherbergt eine Bockwindmühle, ein Backhaus und viele weitere originalgetreu wieder aufgebaute Bauernhäuser.

Kunsthalle Bielefeld, Artur-Ladebeck-Str. 5, ✆ 32999500, ÖZ: Di, Do, Fr, So 11-18 Uhr, Mi 11-21 Uhr, Sa 10-18 Uhr. Deutsche und internationale zeitgenössische Kunst in vierteljährlich wechselnden Ausstellungen.

Historisches Museum. Ravensberger Park 2, ✆ 513630, ÖZ: Mi-Fr 10-17 Uhr, Sa-So 11-18 Uhr. Schwerpunkt: Industriegeschichte der Stadt. In der ehemaligen Ravensberger Spinnerei zeugen originale Maschinen von den wichtigsten Bielefelder Industriezweigen, die berühmten Bielefelder Nähmaschinen und Fahrräder ebenso wie Zeugnisse der Arbeiterkultur und des Bürgertums sowie Arbeitsweisen und Lebensformen der städtischen Bevölkerung.

Museum Huelsmann, Ravensberger Park 3, ✆ 513767, ÖZ: Di-Sa 14-18 Uhr, So 11-18 Uhr. In der ehemaligen Direktorenvilla (1865) der Ravensberger Spinnerei zeigt das Musem europäisches Kunsthandwerk von der Renaissance über Barock und Klassizismus.

Bielefelder Altstadt

Deutsches **Fächermuseum,** Am Bach 19, ✆ 64186, ÖZ: Mi-Do 14.30-17.30 Uhr. Die kleine aber feine Ausstellung präsentiert einen Streifzug durch die Kulturgeschichte des Fächers in den letzten fünf Jahrhunderten.

Museum **Wäschefabrik,** Viktoriastr. 48a, ✆ 60464, ÖZ: So 11-18 Uhr. Im 1913 vom jüdischen Unternehmer Hugo Juhl errichteten Gebäude wurde Tisch- und Bettwäsche sowie Damenwäsche und Herrenhemden hergestellt. Heute sind die wieder hergestellten Produktionsräume zu besichtigen.

Museumshof Senne, Buschkampstr. 75, ✆ 491938, ÖZ: Mi u. Sa 14-18 Uhr. In fünf historischen Fachwerkhäusern aus verschiedenen Jahrhunderten können neben Leinenverarbeitung die Handweberei, der Blaudruck, eine Stickwerkstatt sowie eine Töpferei besichtigt werden.

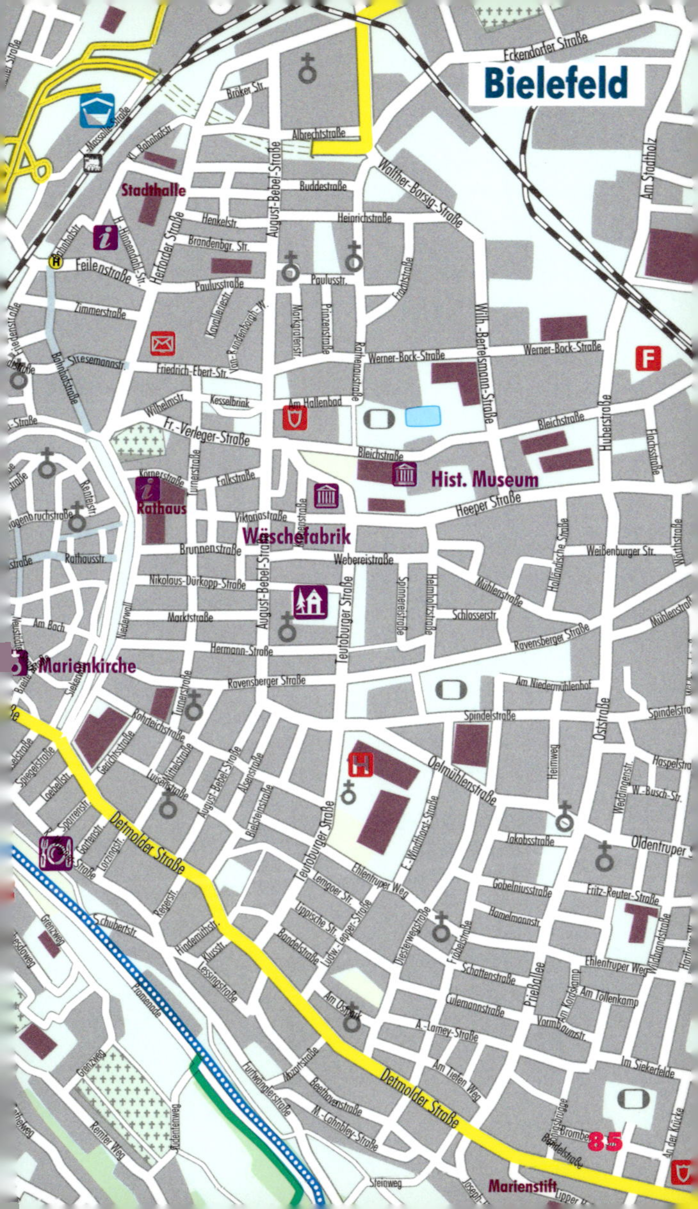
Bielefeld
Eckendorfer Straße
Bröker Str.
Albrechtstraße
Buddestraße
Walther-Borsig-Straße
Am Stadtholz
Massolle-Straße
Kl. Bahnhofstr.
Stadthalle
Henkelstr.
Heinrichstraße
August-Bebel-Straße
Herforder Straße
Brandenbgr. Str.
H.-Hünnendahl-Str.
Bahnhofstr.
Feilenstraße
Paulusstraße
Paulusstr.
Friedrichstraße
Zimmerstraße
Kavalleriestr.
Van-Randenborgh-W.
Markgrafenstr.
Prinzenstraße
Rathenaustraße
Wilh.-Bertelsmann-Straße
Werner-Bock-Straße
Stresemannstr.
Friedrich-Ebert-Str.
Bahnhofstraße
Wilhelmstr.
Kesselbrink
Am Hallenbad
Fr.-Verleger-Straße
Bleichstraße
Huberstraße
Flachsstraße
Hist. Museum
Heeper Straße
Körnerstraße
Turnerstraße
Falkstraße
Rentelstr.
Rathaus
Viktoriastraße
Wäschefabrik
Rathausstr.
Brunnenstraße
Webereistraße
Holländische Straße
Weißenburger Str.
Wörthstraße
Nikolaus-Dürkopp-Straße
Teutoburger Straße
Spinnereistraße
Helmholtzstraße
Mühlenstraße
Schlosserstr.
Marktstraße
Niederwall
Am Bach
Ravensberger Straße
Hermann-Straße
Marienkirche
Am Niedermühlenhof
Spindelstraße
Oststraße
Rohrteichstraße
Gerichtsstraße
Mittelstraße
Luisenstraße
August-Bebel-Straße
Alsenstraße
Bielsteinstraße
Oelmühlenstraße
Heimweg
Haspelstraße
Weddingenstr.
W.-Busch-Str.
Spiegelstraße
Loebellstr.
Sparrenstr.
Gartenstr.
Lorzingstr.
Detmolder Straße
E.-Windthorst-Straße
Jakobsstraße
Oldentruper Straße
Regerstr.
Lemgoer Str.
Ehlentruper Weg
Gobelniusstraße
Fritz-Reuter-Straße
Grenzweg
Schubertstr.
Lippische Str.
Ludw.-Lepper-Straße
Diesterwegstraße
Fröbelstraße
Hamelmannstr.
Wildbrandstraße
Hindemithstr.
Klusstr.
Bandelstraße
Schattenstraße
Prießallee
Ehlentruper Weg
Lessingstraße
Promenade
Am Ostpark
Cülemannstraße
Am Kordskamp
Am Tollenkamp
Vormbaumstr.
A.-Lamey-Straße
Mozartstraße
Furtwänglerstraße
Beethovenstraße
Am Tiefen Weg
Im Siekerfelde
M.-Cahnbley-Straße
Remter Weg
Studentenweg
Königsbrügge
Bandelstraße
An der Krücke
Steinweg
Marienstift
Lipper H.

namu Museum, Kreuzstr. 20, ✆ 516734, ÖZ: Mi-So 10-17 Uhr. Das Natur-Mensch-Umwelt Museum befindet sich in einem der wenigen erhaltenen Adelshöfe der Stadt aus dem Jahre 1540, dem Spiegelshof. Das Museum wagt, für ein Museum unüblich, einen Blick in die Zukunft der Menschheit. Thematisiert werden Artensterben durch Klimaerwärmung, Übernutzung und Lebensraumverlust.

Feuerwehr-Museum, Am Stadtholz 18, ✆ 512301, ÖZ: nach tel. Vereinb. Die Berufsfeuerwehr wurde 1899 gegründet. Das Museum zeigt über 500 Exponate aus über 100 Jahren. Schwerpunkte der Sammlung sind Brandbekämpfung, Rettungsdienst, Atemschutz- und Strahlenschutztechnik sowie Brandmeldeanlagen. Orden und Feuerwehruniformen aus aller Welt runden die Ausstellung ab.

Neustädter **Marienkirche**, Papenmarkt 10a, ÖZ: Mo-So 10-18 Uhr. Die Kirche birgt einen Kunstschatz von europäischem Rang. Der Bielefelder Marienaltar von 1400 zeigt einen umfassenden Bildzyklus über Himmel und Erde, Gott und Mensch, Christus und Maria.

Altstädter **Nicolai-Kirche**, Niedernstr. 4, ✆ 69489, ÖZ: Mo-So 10-18 Uhr. In der ältesten Stadtkirche befindet sich ein kostbarer Antwerpener Schnitzaltar mit neun geschnitzten Schreinen und über 250 Figuren aus der Werkstatt der Antwerpener Lucasgilde.

Süsterkirche mit geschnitztem reformierten Abendmahlstisch, Güsenstr. 16-18, ✆ 68248, ÖZ: Do-Sa 15-18 Uhr

St. Jodokus-Kirche, Klosterpl. 1, ✆ 61326, ÖZ: Mo-So 9-19 Uhr. Im Innern sehenswerte Kostbarkeiten: Schwarze Madonna (1220), Holzplastik des heiligen Jodokus (1480) und Ikonenwand von Saweljew (1962)

Sparrenburg. Das Wahrzeichen der Stadt wurde Mitte des 13. Jhs. von den Grafen von Ravensberg erbaut und diente als Verwaltungsmittelpunkt. Die Burg sicherte einen Pass über den Teutoburger Wald, förderte aber auch die Entwicklung der Stadt und wurde ab der Mitte des 16. Jhs. ausgebaut und stärker befestigt. Das war auch ein Grund dafür, dass sie den Dreißigjährigen Krieg trotz zahlreicher Belagerungen und Besetzungen nahezu unbeschadet überstanden hat. Im Zeitalter der Romantik kaufte die Stadt Bielefeld die Anlage vom preußischen Staat und führte eine umfangreiche Restaurierung durch. Heute präsentiert sich die Burg in einem ausgezeichneten Zustand.

Bodendenkmal **Archäo Welle**, Am Bach 18. Grabungsschnitt von der Stadtgründung 1214 bis zum Zweiten Weltkrieg.

Sparrenburg

Stadttheater

Stadttheater, Niederwall 27. Der Berliner Architekt Bernhard Sehring schuf für das Theater eine Jugendstilfassade mit Portikus und Obelisken.

Altes Rathaus, Niederwall 25. Baustile vergangener Epochen mischen sich im 1904 erbauten Rathaus.

Grest'scher Hof, Nebelswall. Ehemaliger Adelshof aus dem 16. Jh., in dem heute das Ratsgymnasium untergebracht ist.

Botanischer Garten Bielefeld, Am Kahlenberg 16, ✆ 513178. Highlights sind die Rhododendren- und Azaleensammlung sowie die Präsentation der verschiedenen Lebensräume: Steingarten, Alpinum, Arznei- und Gewürzgarten, Heidegarten und Buchenwaldflora.

Japanischer Garten, Quellenhofweg 125, ✆ 9117311. Azaleen, Kirschen und Formkiefern prägen das Gartenbild. Die besten Jahreszeiten für einen Besuch sind Frühjahr und Herbst.

Freibad Wiesenbad, Werner-Bock-Str. 34, ✆ 511470, ÖZ: Mo-Fr 6-20 Uhr, Sa-So 9-20 Uhr

Ishara, Europa-Pl. 1, ✆ 511400, ÖZ: Mo-Fr 10-21 Uhr, Sa-So 9-21 Uhr

Die Gründung der Stadt erfolgte 1214 durch den Ravensberger Grafen Hermann IV. Nach Aussterben der Grafen von Ravensberg 1346 fiel Bielefeld zum Haus Jülich-Berg. Die Stadt konnte sich weit ab vom Sitz der neuen Landesherren ziemlich frei entfalten. Von den großen Fehden und Kriegen des späten Mittelalters blieb sie glücklicherweise verschont. Der Dreißigjährige Krieg und die Pest im frühen 17. Jahrhundert forderten Opfer, aber die Stadt erholte sich und wurde im späten 17. Jahrhundert zur Leinenstadt. Der rege Leinenhandel führte zu einem gewissen Wohlstand, von dem noch heute die Patrizierhäuser am Alten Markt zeugen. Der Handel brach um 1830 zusammen, da der Markt von billigen, irischen Produkten dominiert wurde.

Der Botaniker Dr. August Oetker kaufte 1891 die Aschoffsche Apotheke in Bielefeld und schloss dort die Entwicklung eines Backtriebmittels ab, dass sich eines reißenden Absatzes erfreute. Er legte damals den Grundstein für den heutigen Weltkonzern, der das Backpulver in unveränderter Rezeptur noch heute produziert.

1969 wurde die Universität Bielefeld gegründet. Am Fuße des Teutoburger Waldes entstand das Gebäude für eine Campus-Universität. Sie ist eine der wenigen Hochschulen, die nahezu alle Fakultäten unter einem Dach vereint, und genießt heute mit mehr als 20.000 Studierenden einen ausgezeichneten Ruf unter den deutschen Hochschulen.

Etappe 7

Bielefeld – Oerlinghausen

Länge: **15,2 km**

Start: **Bielefeld, Ratsgymnasium**

Ziel: **Oerlinghausen, Kirche**

Gehzeit: **4,5 bis 5 Std.**

Aufstieg: **546 m**

Abstieg: **420 m**

Hartbelag: **38 %**

Spazierwege: **57 %**

Wanderpfade: **5 %**

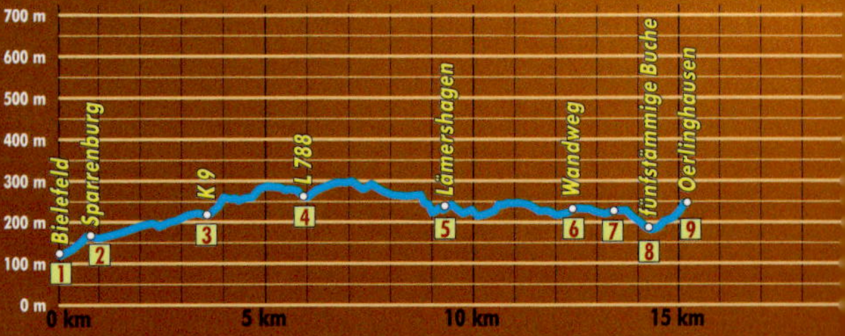

Charakteristik: Der Weg gestattet sich diesmal einige kleine Abweichungen vom Kamm. Nachdem Sie Bielefeld verlassen haben, geht es auf dem ersten Drittel der Etappe beständig sanft bergauf. Ab dem Aussichtsturm Eiserner Anton folgen Sie bis zum Etappenziel im Wesentlichen einer Abwärtstendenz.

Von der Bielefelder Altstadt steigen Sie zunächst hinauf zur Sparrenburg und kommen nach Verlassen des Stadtgebiets zurück auf den Kamm, dem Sie bis Lämershagen folgen. Dort angekommen haben Sie die Wahl zwischen zwei Optionen und eine klare Empfehlung von unserer Seite. Leicht verspielt geht es dann nach und nach hinunter nach Oerlinghausen und kurz wieder hinauf in das reizvolle Städtchen.

Tipp: Haben Sie noch Lust auf einen kleinen Nachschlag, folgen Sie dem Hermannsweg bis hinauf zum Windmühlenstumpf. Von dort können Sie über eine romantischen Stiege wieder in die Stadt absteigen.

Bielefeld

1 0,0 Vor dem Ratsgymnasium rechts in die Straße **Nebelswall** ⁓ an der **Kreuzstraße** links und nach wenigen Metern die Straße nach rechts überqueren ⁓ steil bergauf ⁓ im Anstieg links ⁓ an der Straße **Am Sparrenberg** links ⁓ scharf rechts auf einen gepflasterten Fußweg ⁓ links über **Treppen** bergauf.

2 0,8 Oben bei der **Sparrenburg** angekommen links ⁓ in die **Promenade** ⁓ am Gasthaus vorbei.

Restaurant Sparrenburg, Am Sparrenberg 38a, ✆ 65939, ÖZ: Mi-Mo ab 11 Uhr

Rund 500 m nach dem Gasthaus geradeaus ⁓ weiter auf der Promenade.

TIPP: Eine unkommentierte Alternative zum 52. Breitengrad zweigt ca. 150 m nach dem Sendemast rechts ab und verläuft bis dort auf kleineren Wegen.

Brand's Busch, Furtwänglerstr. 52, ✆ 92110, ÖZ: tägl. 10-22 Uhr

Beim Asphaltende halb rechts halten ⁓ durch den Schlagbaum ⁓ über eine Lichtung ⁓ rechts leicht bergab zur K 9.

3 3,6 Die **K 9** überqueren.

Bei der Sparrenburg

Allee bei der Sparrenburg

Restaurant Habichtshöhe, Bodelschwinghstr. 79, ✆ 22237, ÖZ: 12-24 Uhr

An der Gabelung nahe des Waldrandes links ⁓ rechts bergauf auf eine Forststraße ⁓ an der Gabelung im Anstieg links ⁓ an einem Aussichtspunkt und einen **Unterstand** jeweils zur Linken vorbei ⁓ steiler bergauf, zuletzt über Treppen.

4 5,9 Nach gut einem Kilometer die **L 788** kreuzen ⁓ an einem Hotel vorbei ⁓ durch den Schlagbaum rechts bergauf halten ⁓ an der **Aussichtswarte** vorbei.

Eiserner Anton. Der 1895 erbaute 8 m hohe Aussichtsturm steht auf dem 309 m hohen Ebberg. Der quadratische Turm ist einer der wenigen Bismarcktürme aus Stahl.

An einem Sendeturm vorbei ⁓ nach rund 1,5 km über **Treppen** bergab ⁓ unter der Hochspannungsleitung durch und über Treppen bergab ⁓ an der **L 787** links ⁓ über die A 2 ⁓ links halten in einen Begleitweg ⁓ vorbei am Gasthaus.

Lämershagen

PLZ: 33699; Vorwahl: 05202

Gasthaus Deppe, Lämershagener Str. 280, ✆ 05202/6121, ÖZ: Mo-Mi, Sa ab 11 Uhr, Fr ab 14 Uhr, So ab 10 Uhr

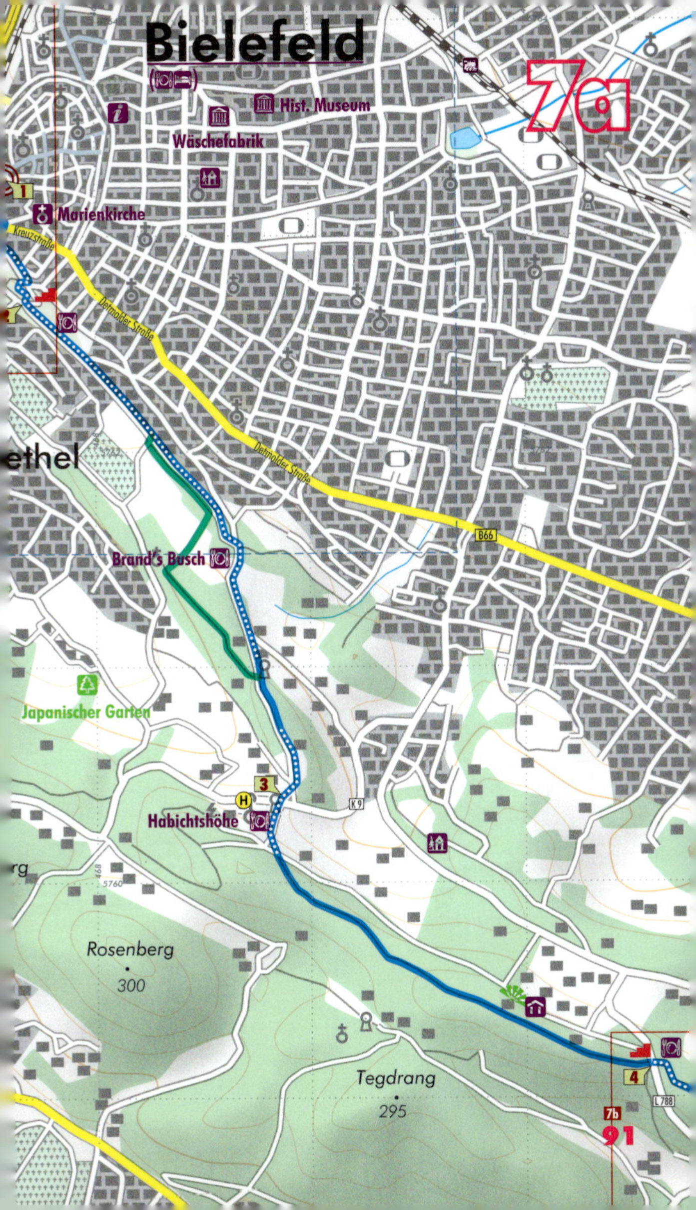
Bielefeld
7a
Hist. Museum
Wäschefabrik
1
Marienkirche
Kreuzstraße
Detmolder Straße
Detmolder Straße
ethel
B66
Brand's Busch
Japanischer Garten
3
Habichtshöhe
K9
5760
Rosenberg
300
Tegdrang
295
4
L788
7b
91

5 9,3 Nach wenigen Metern rechts über einige **Stufen** hoch zur L 787 und diese überqueren.

VARIANTE Geradeaus auf der Landstraße verläuft die schlichte Nordvariante der Hermannshöhen. Wir legen Ihnen den reizvollen und etwas längeren südlichen Verlauf ans Herz.

***Nordvariante* 1 km**

An der abbiegenden Vorfahrtstraße geradeaus auf dem **Wandweg** ~ an Häusern und einer Talsenke leicht bergan ~ vorbei an **zwei Bänken** unter einer Buche geradeaus, von rechts stößt der südliche Wegesverlauf hinzu.

Der südliche Verlauf führt gegenüber in die **Lämershagener Straße** ~ über einen Holzlagerplatz ~ näher zur Autobahn ~ an der Gabelung bei der Autobahn links ~ kurz danach links halten ~ stets dem kurvigen Hauptweg folgen ~ Linksbogen in den Markengrund.

6 12,4 An der T-Kreuzung rechts in den **Wandweg** ~ weiter auf einer Waldstraße ~ bei den folgenden Abzweigen geradeaus ~ an der Einmündung von rechts links halten ~ nach der **Aussichtsbank** ist die Straße befestigt ~ an der T-Kreuzung rechts, ⚠ am folgenden Linksknick zur Privatstraße geradeaus in den Schotterweg und dessen Linksbogen in den Wald folgen.

7 13,4 Wenig später eine weitere **Aussichtsbank** ~ an der Gabelung im Rechtsbogen des Schotterweges links halten ~ an der T-Kreuzung links

über die Kreuzung mit der Fahrstraße und leicht rechts in den Waldweg, der hohlwegartig herabführt ~ nach 250 m links auf die breite Waldstraße ~ über den **Menkhauser Bach**.

8 14,2 Kurz darauf steht rechts eine **fünfstämmige Buche** ~ an der Gabelung dahinter rechts, vorbei an einem großen Grundstück ~ im Wald der Rechtskurve folgen ~ durch die Unterführung ~ direkt dahinter links in den Schotterweg ~ am Ende des Rechtsbogens an der T-Kreuzung mit der **Robert-Koch-Straße** 20 m nach rechts ~ über die Straße und geradeaus in den Schotterweg ~ bergauf bis zur **Kirche** ~ auf der **Pfarrstraße** über die Kreuzung und geradeaus an der Kirche vorbei.

9 15,2 Sie haben das Etappenziel Oerlinghausen erreicht.

Oerlinghausen

PLZ: 33813; Vorwahl: 05202

- **Tourist-Information**, Rathausplatz 1, ☎ 49312
- **Archäologisches Freilichtmuseum**, Am Barkhauser Berge 2, ☎ 2220. Aufwändige Rekonstruktionen damaligen Alltagslebens, weiterhin Brotbacken, Stoffherstellung, Bierbrauen und Töpfern.
- **Luftsportzentrum**, Angebot von Luftsport in allen Varianten, z. B. Segelflugschule, Rundflüge und Ballonfahrten. Der Segelflugplatz gilt europaweit als größter seiner Art.
- **Archäologischer Rundwanderweg Tönsberg**. Hier trifft man u. a. auf Reste einer vorgeschichtlichen Befestigungsanlage.

Etappe 8

Oerlinghausen – Berlebeck

Länge: **20,4 km**

Start: **Oerlinghausen, Kirche**

Ziel: **Berlebeck, Kirche**

Gehzeit: **6 bis 6,5 Std.**

Aufstieg: **663 m**

Abstieg: **711 m**

Hartbelag: **19 %**

Spazierwege: **69 %**

Wanderpfade: **12 %**

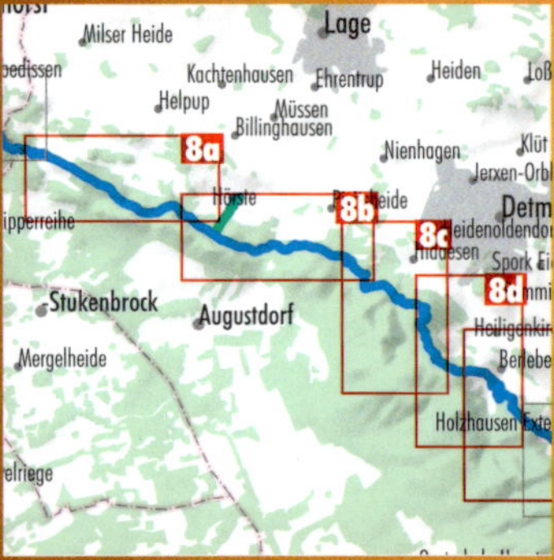

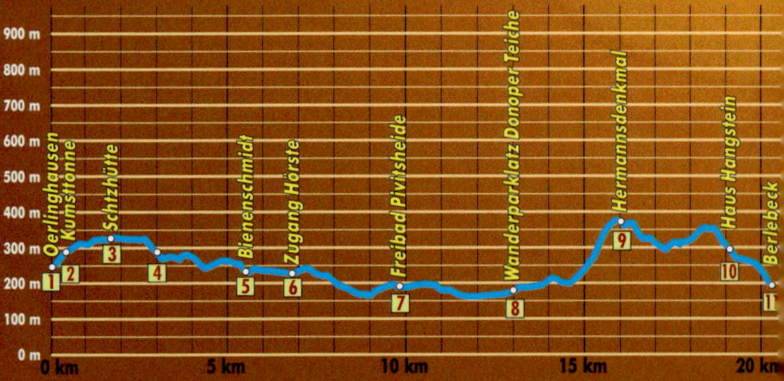

Am Hermannsdenkmal

Charakteristik: Die Etappe bietet einen der anspruchsvollsten Anstiege der Hermannshöhen, jedoch auch einen der großen Höhepunkte Ihrer Tour. Der Weg folgt auch heute nicht ausschließlich dem Kamm, bewegt sich aber dennoch meist auf Waldwegen.

Von Oerlinghausen steigen Sie vorbei am Wahrzeichen der Stadt zurück auf den Kamm. Es bieten sich mehrere Ausblicke, meist mit einer Rastbank. Vom Lönsstein bis zur Dörenschlucht geht es im Trend langsam bergab. Etwas hinter den Donoper Teichen beginnt der steile Aufstieg zum Hermannsdenkmal. Dieser überwindet auf 3 Kilometern fast 200 Höhenmeter, wird aber mit der Aussicht vom Hermannsdenkmal reich belohnt. Von dem beliebten Ausflugsziel steigen Sie nun sanft ab bis nach Berlebeck.

Tipp: Denken Sie daran, speziell auf dieser Etappe ausreichend Getränke dabei zu haben.

Oerlinghausen

1 **0,0** In Oerlinghausen 40 m hinter der Kirche beim Platz mit der **alten Linde** am kleinen Brunnen rechts halten und gleich links die **Treppe** hoch ⁓ über die Hauptstraße und leicht versetzt die **vier Treppen** hoch ⁓ an deren Ende dem Rechtsbogen der gepflasterten **Tönsbergstraße** in die bergan führende Straße **Auf dem Berge** folgen ⁓ weiter bergauf und an der Gabelung links halten ⁓ vorbei an der **Jugendherberge**.

2 **0,4** Bis zum **Windmühlenstumpf**.

Kumsttonne auf dem Tönsberg (334 m). Die Windmühle (1753) verlor bei einem Sturm ihre Flügel und ist heute weit sichtbares Wahrzeichen der Stadt Oerlinghausen. Kumst ist ein regionaler Begriff für Kohl.

Wieder auf den Kamm ⁓ vorbei an der eins

tigen Tönsbergschänke ~ vorbei am **Ehrenmal für die Gefallenen des 1. Weltkrieges** ~ nachfolgend wird der an Rastbänken reiche Weg von Steinen mit metallenen Aufschriften begleitet.

3 1,7 Dazwischen ein **Unterstand** ~ hervorragende **Aussichtsbank** am Stein mit der Friedenstaube ~ wenig später steht rechts des Weges das **Löns-Denkmal** ~ ca. 100 m nach dem **Unterstand** an der Gabelung rechts ~ an der nächsten Gabelung rechts.

4 3,0 Der Weg führt auf eine breite Waldstraße, Sie wenden sich nach links ~ wenig später an der Dreieckskreuzung rechts leicht bergauf ~ an der Dreifachgabelung geradeaus auf der Waldstraße ~ an der nächsten Gabelung geht der rechte Abzweig bergab, Sie nehmen den linken ~ im spitzen Winkel auf eine größere Waldstraße, hier links halten und am **Unterstand** vorbei ~ an der Dreifachgabelung ca. 300 m später den rechten Ast nehmen und auf der Straße bleiben ~ an der folgenden Doppelkreuzung bei der hinteren Gabelung rechts.

5 5,5 Nach dem Rechtsbogen kommen Sie zum **Gasthaus**.

Gasthaus Bienenschmidt, ✆ 05232/990202, ÖZ: Apr.-Okt., Di-Sa ab 12 Uhr, So/Fei 11-20 Uhr, Nov.-März auch Di Ruhetag

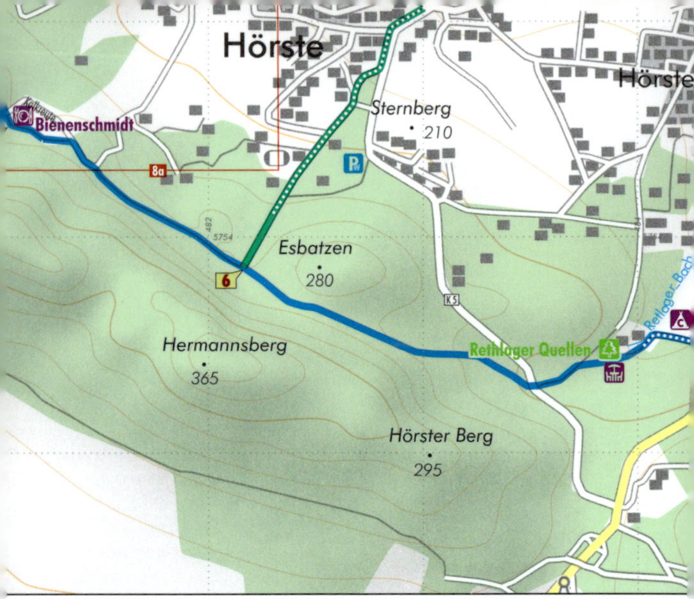

Im großen Linksbogen um das Gasthaus herum und weiter bis zur T-Kreuzung ~ rechts auf die Straße **Kalkreute** ~ an der nächsten Kreuzung geradeaus auf den Waldweg.

6 6,8 Beim von links einmündenden Weg geradeaus.

Wildkatzenpfad, Rundweg mit 13 Stationen rund um die Wildkatze. Sowohl der Weg längs der Freibadstraße als auch die nächsten zwei Kilometer auf dem Hermannsweg verlaufen gemeinsam mit diesem Pfad.

Weiter auf dem Waldweg und nach 200 m an der Gabelung links auf dem geschotterten Weg

TIPP Von hier können Sie über die **Freibadstraße** ins Zentrum von **Hörste** gelangen.

Hörste

PLZ: 32791; Vorwahl: 05232

Tourist-Information, Freibadstr. 3, 32791 Lage-Hörste, ✆ 8193

Johannissteine bei Hörste

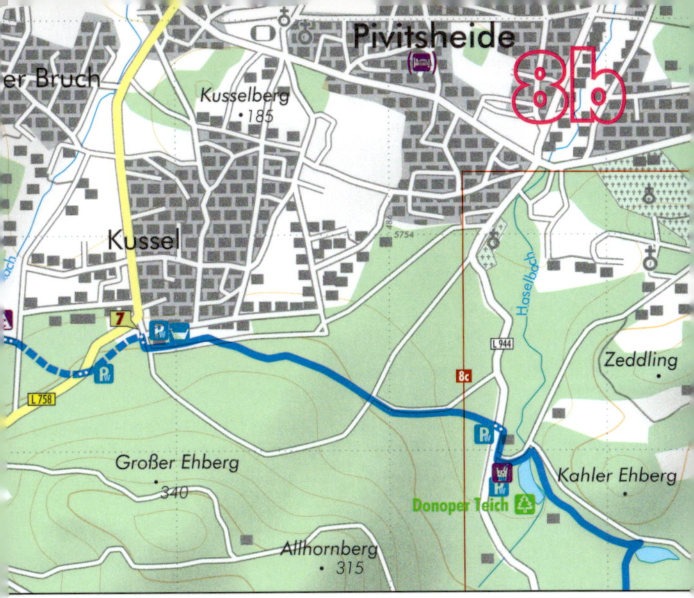

bleiben ⤳ beständig bergab ⤳ die K 5 überqueren und geradeaus weiter ⤳ nach rund 200 m an der Gabelung rechts ⤳ beim Schild Naturschutzgebiet rechts.

Rethlager Quellen, mehrfache Karstquelle mit ganzjährig sehr kaltem Wasser

Am Rand einer Kleingartensiedlung entlang ⤳ Rechtsbogen und mitten durch die **Kleingartensiedlung** ⤳ an einer Querstraße geradeaus auf den schmalen, wurzeligen Weg ⤳ die L 758 kreuzen ⤳ über einen Parkplatz ⤳ links halten.

7 9,8 Am Parkplatz des **Freibades** rechts ⤳ nach wenigen Metern links ⤳ nach 250 m rechts abbiegen auf einen schmaleren Weg ⤳ an der Kreuzung geradeaus ⤳ an der Gabelung rechts ⤳ schleifend auf eine Forststraße ⤳ an der Kreuzung geradeaus ⤳ den Parkplatz und die L 944 überqueren ⤳ danach rechts halten, parallel zur L 944 ⤳ nach dem Kiosk links in den Weg mit Fahrverbot ⤳ am **Donoper Teich** vorbei.

Der **Donoper Teich** wurde als Pferdetränke vor dem Dreißigjährigen Krieg durch Aufstauung des Hasselbaches angelegt.

Leichter Linksbogen und unmittelbar danach scharf rechts ⤳ vor dem Krebsteich rechts abbiegen.

8 13,0 Beim **Wanderparkplatz** über die L 938 ⤳ nach rund 100 m links halten ⤳ beim **Unterstand** rechts bergauf auf die Forststraße ⤳ geradeaus in die **Heidentalstraße** ⤳ links abbiegen ⤳ rechts halten auf die Schotterstraße ⤳ an der nächsten Asphaltstraße rechts und nach wenigen Metern links auf die Forststraße ⤳ an einer Gabelung im Anstieg links und sofort wieder rechts steiler bergauf ⤳ langer, steiler Anstieg ⤳ rechts abbiegen, der Weg wird flacher ⤳ langer Linksbogen.

Aufstieg zum Hermannsdenkmal

9 16,0 An der T-Kreuzung links bergab.

TIPP Bei der T-Kreuzung rechts kommen Sie zum Hermannsdenkmal auf dem 386 m hohen Teutberg.

Hermannsdenkmal. Das 54 m hohe Denkmal erinnert an Hermann den Cheruskerfürsten, namensgebend für den Hermannsweg und auch bekannt als Arminius, und die so genannte Schlacht im Teutoburger Wald. Von 1838 bis 1846 währte der Bau des 27 m hohen Sockels. Trotz Sammlungen zahlreicher Fördervereine kam es immer wieder zu Bauunterbrechnungen wegen finanzieller Schwierigkeiten. Baumeister Ernst von Bandel lebte aus Kostengründen zeitweise in einem unterhalb des Denkmals errichten Blockhaus, der Bandel-Hütte, die heute noch zu besichtigen ist. Nach Gründung des Deutschen Reiches 1871 und mit Aufkeimen eines neuen Nationalstolzes erlebte das Bauprojekt wieder einen Aufschwung. Die 27 m hohe Figur besteht aus einem mit Kupferplatten verkleideten Eisenrohrgerüst. Allein das Schwert der Figur ist 7 m lang und wiegt gut eine halbe Tonne. Bandel erlebte noch die Einweihung des Denkmals 1875 und starb im Jahr darauf.

Arminius fügte in der Varusschlacht 9 n. Chr. drei römischen Legionen unter Publius Quinctilius Varus eine schwere Niederlage zu. Er griff den 20 Kilometer langen Tross der marschierenden Römer vier Tage und drei Nächte lang in engen Tälern und dichten Wäldern an, damit die Römer nicht ihre gewohnte Schlachtordnung einnehmen konnten. Das 20.000 Mann starke römische Heer wurde fast vollständig vernichtet. Im Jahr 2009 jährt sich das Ereignis zum zweitausendsten Mal.

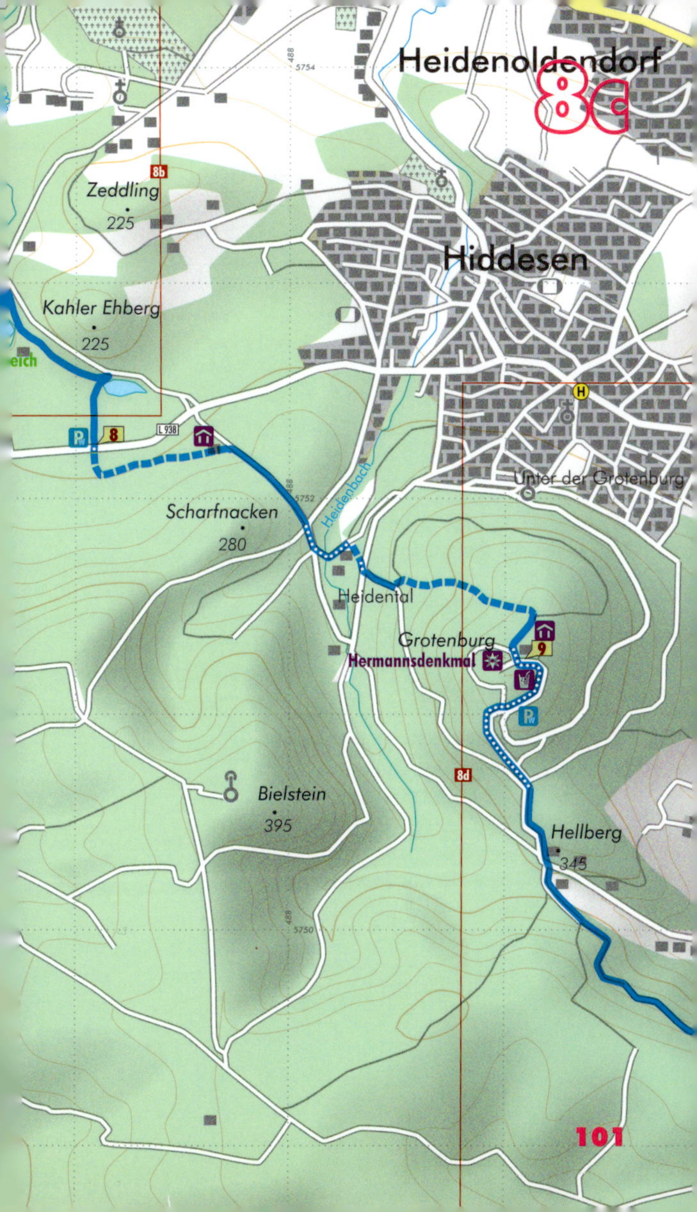

Heidenoldendorf
8c
488
5754
8b
Zeddling
225
Hiddesen
Kahler Ehberg
225
eich
8
L 938
H
Unter der Grotenburg
5752
Heidenbach
Scharfnacken
280
Heidental
Grotenburg
9
Hermannsdenkmal
8d
Bielstein
395
Hellberg
345
5750

Hermannshaupt

Bergab zum **Bismarckstein** ~ Rechtskurve ~ vorbei am **Kiosk** ~ die zweite Straße links bergab wählen ~ links halten in einen straßenbegleitenden Weg ~ die Denkmalstraße kreuzen und weiter auf einem schmalen Pfad ~ über den Parkplatz neben der Straße ~ geradeaus halten, der Weg wird kurz schmaler ~ rechts auf eine geschotterte Forststraße ~ durch den Schlagbaum ~ in langgezogenen Kurven auf dem **Hermannsweg** bergab ~ nach rund 1,2 km an der Gabelung links ~ links bergab zum **Restaurant**.

Haus Hangstein, 32760 Detmold, Hangsteinstr. 60, ✆ 05231/469399, ÖZ: Mi-So 12-19 Uhr, April-Okt. Mi-So 12-20 Uhr

10 19,1 Aus dem Wald auf den Vorplatz des Hauses Hangstein ~ vor den Bäumen rechts ab direkt am Waldrand ~ nach 100 m geradeaus auf dem asphaltierten **Pulverweg** ~ nach dem leichten Rechtsbogen bei der ersten Gelegenheit am **Rastplatz** rechts ~ auf der Straße **Am Hahnberg**, später **Adlerweg**, geradeaus und in den Wald ~ nach einem Rechtsbogen kurz vor dem Straßenende links einige **Stufen** hinab.

TIPP: **Am Ende der Straße wenige Meter später befindet sich die besuchenswerte Adlerwarte.**

Berlebeck

PLZ: 32760; Vorwahl: 05231

Adlerwarte, Adlerweg 13-15, ✆ 47171, ÖZ: März-15. Nov., tägl. 9.30-17.30 Uhr (mit Freiflugprogramm), 16. Nov-Febr., tägl. 10-16 Uhr (ohne Freiflugprogramm). Europas älteste und artenreichste Greifvogelwarte zeigt über 90 Tiere aus aller Welt.

Über eine Reihe von **Treppen** vorbei am **Bergcafé** hinab bis zur **Hangsteinstraße**.

Bergcafé, ✆ 47563, ÖZ: Di-So 12-21 Uhr Auch kleiner Mittagstisch.

Links bis kurz vor die T-Kreuzung und vor dem Bächlein **Berlebecke** links auf den Uferpfad ~ am Ende bei der Brücke die Paderborner Straße überqueren.

11 20,4 Sie sind am Ziel dieser Etappe angekommen.

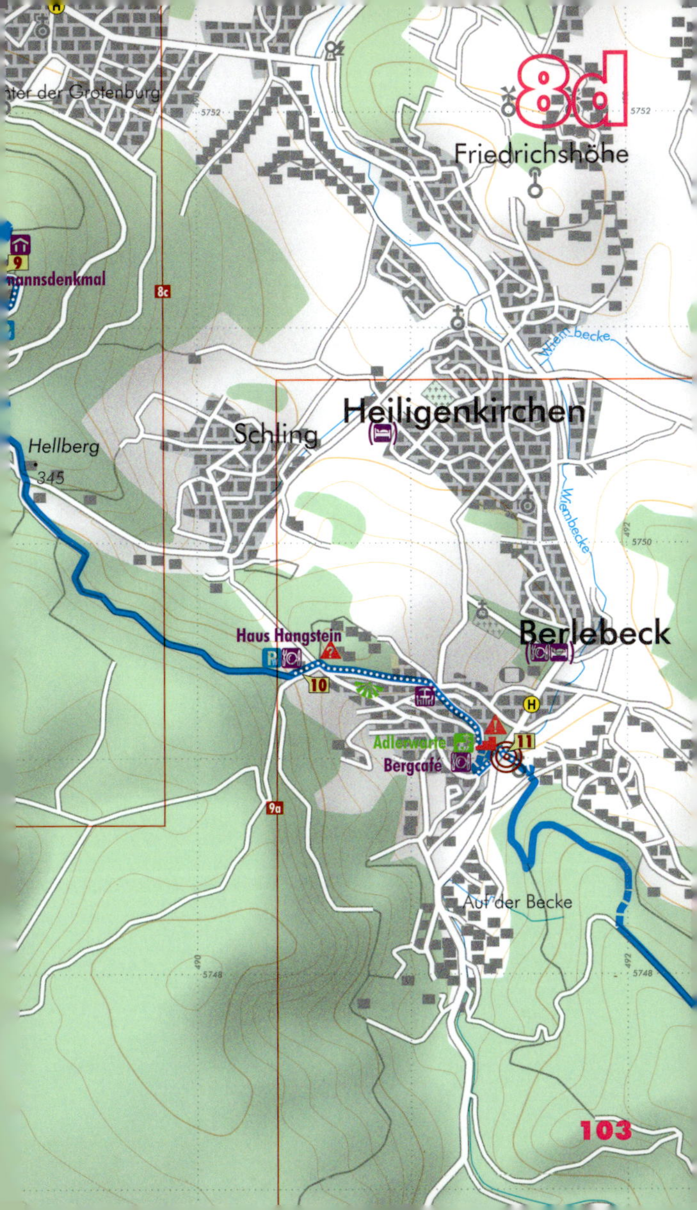
8d
Friedrichshöhe
5752
5752
nannsdenkmal
9
8c
Wiembecke
Heiligenkirchen
Schling
Hellberg
345
Wiembecke
492
5750
Berlebeck
Haus Hangstein
10
11
Adlerwarte
Bergcafé
9a
Auf der Becke
490
5748
492
5748

Etappe 9

Berlebeck – Leopoldstal

Länge: **15 km**

Start: **Berlebeck, Kirche**

Ziel: **Leopoldstal, Bahnhof**

Gehzeit: **5 bis 5,5 Std.**

Aufstieg: **656 m**

Abstieg: **614 m**

Hartbelag: **10 %**

Spazierwege: **68 %**

Wanderpfade: **22 %**

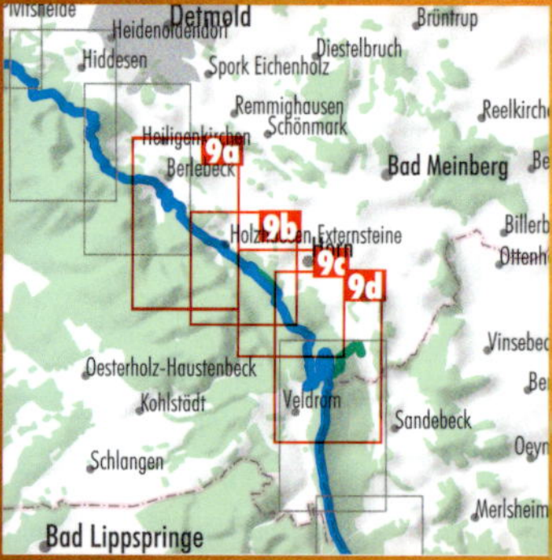

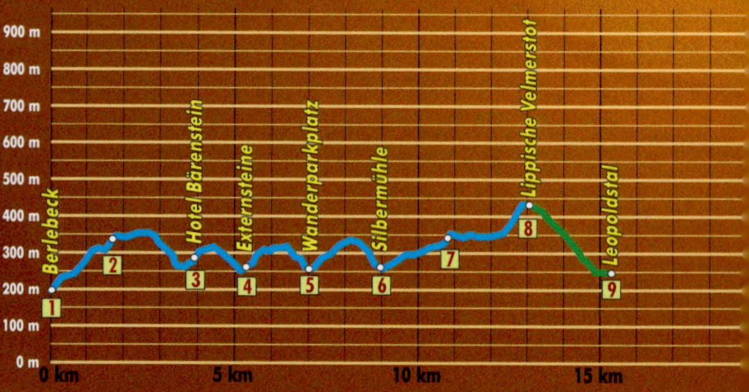

Bei den Externsteinen

Charakteristik: Diese Etappe bietet den zweiten großen Höhepunkt und dazu eines der schönsten Stücke der Hermannshöhen sowie den zweiten großen Anstieg. Die Etappe ist kurz, da das Gelände sehr bewegt ist, aber auch genügend Zeit sein sollte, ihre Schönheiten ausgiebig zu genießen. Egge- und Hermannsweg verlaufen ein Stück gemeinsam, der Hermannsweg zweigt an der Lippischen Velmerstot ins Tal ab und endet in Leopoldstal.

Von Berlebeck geht es zurück auf den Kamm und weiter zu den von Bergheiden umrahmten Externsteinen. Hier beginnt der Eggeweg, der Sie bis Marsberg begleiten wird. Zwischen Silbermühle und Kattenmühle geht es durch das tief eingeschnittene Silberbachtal und schließlich bis hinauf zur Lippischen Velmerstot, dem höchsten Punkt der Hermannshöhen. Wahlweise können Sie hier nach Leopoldstal absteigen oder weiter dem Eggeweg folgen.

Berlebeck

1 0,0 Nach Überqueren der Paderborner Straße leicht rechts versetzt auf dem **Kindergartenweg** hoch zur **Kirche** ~ geradeaus auf einen schmalen Stieg ~ am Ende links und gleich wieder scharf rechts auf die **Stembergstraße**, nochmals scharf links und wieder rechts in den Wald hinauf ~ vorbei am **Schlagbaum** auf die Waldstraße ~ in einer weiten Linkskurve beständig bergauf ~ an deren Ende scharf links in die Waldstraße ~ nach einem Rechtsbogen an der Gabelung rechts bleiben ~ noch ca. 300 m bergauf ~ etwas später an der Gabelung schwenkt die Waldstraße nach links weg, Sie halten sich rechts auf dem steinigen Pfad ~ kurz darauf erneut rechts halten und auf der zeitweise zerfahrenen Straße hoch zum Waldrand ~ dort an der Gabelung links halten und 100 m bergauf.

2 1,7 An der T-Kreuzung links in den Forstweg ~ geradeaus weiter ~ gut 1 km später sehr weite Aussicht ~ am kurz darauf folgenden Rechtsknick des Forstweges geradeaus und über die kleine Lichtung ~ direkt danach befindet sich links die **Vogeltaufe** mit einer **Aussichtsbank.**

Vogeltaufe. Durch landwirtschaftliche Nutzung entstand hier eine Heidefläche. Der Name Vogeltaufe geht auf eine Legende zurück.

Über die Wiese leicht geröllig bergab ~ am **Rastplatz** vorbei und weiter talwärts ~ über die Wiese geradeaus ~ auf Höhe der ersten Häuser endet der Weg nach einer Linkskurve auf einer T-Kreuzung ~ rechts in die Straße **Vogeltaufe**, an der Kreuzung links in die Straße **Bärenkamp** und leicht aufwärts ~ rechts in den **Kneippweg**.

Hotel Bärenstein, Am Bärenstein 44, ✆ 05234/2090

TIPP: Das kurze Stück zwischen Bärenstein und Lönsstein zählt zu den schönsten des gesamten Hermannsweges.

3 3,9 Am Hotel über die Straße und direkt gegenüber in den aufsteigenden Waldweg ~ **Rastbank** am Ende des Anstiegs ~ kurz vor dem Abstieg wird der Weg steiniger und windet sich hinab ~ nach einigen Stufen scharf links ~ entlang **alter Buchen** mündet der Weg auf einen breiten Waldweg, Sie halten sich links ~ am Ufer des Sees über die Holzbrücke.

Auf dem Bärenstein

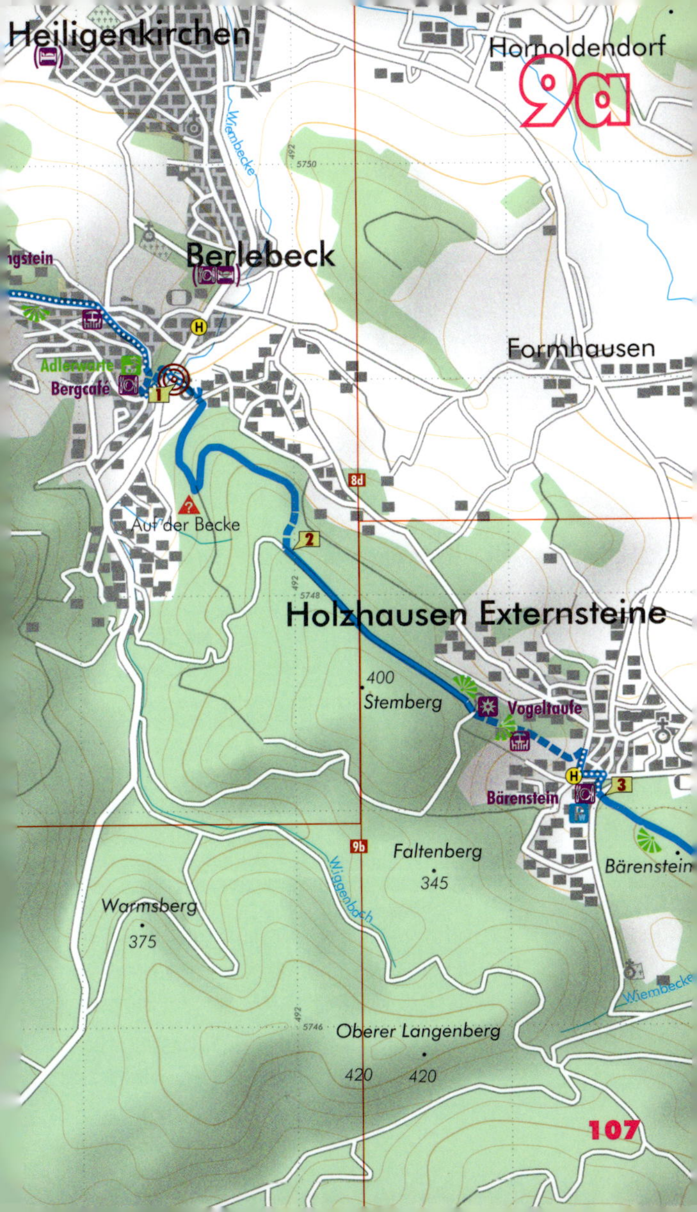
Heiligenkirchen
Hornoldendorf
9a
Wiembecke
492
5750
ngstein
Berlebeck
Adlerwarte
Bergcafé
1
Formhausen
8d
Auf der Becke
2
492
5748
Holzhausen Externsteine
400
Stemberg
Vogeltaufe
Bärenstein
3
9b
Faltenberg
345
Bärenstein
Wiggenbach
Warmsberg
375
Wiembecke
492
5746
Oberer Langenberg
420
420

4 5,3 Rechts zu den **Externsteinen**.

Die **Externsteine** sind eine markante Formation aus 13 Sandsteinfelsen und weithin beliebtes Ausflugsziel. Die Felsen sind teilweise bis zu 38 m hoch. Lange Zeit waren sie aufgrund des Steinreliefs „Kreuzabnahme Christi" Ziel von Wallfahrten. Ihr Name rührt vermutlich vom Begriff Egge her, einer alten Bezeichnung für einen langgestreckten Hügelkamm.

VARIANTE Von hier lässt sich auf den ersten Kilometern des Eggeweges steigungsfrei am Fuße des Knickenhagen wandern. Hingewiesen sei jedoch auf die besondere Schönheit des Hermannsweges über den Kamm.

Eggeweg-Alternative ***1,1 km***

Die Externsteine bilden den nördlichen Startpunkt des Eggeweges, der hier auch mit **X1** bezeichnet ist ⤳ vor den Steinen am **Kiosk** links ⤳ an der Gabelung in den rechten Weg direkt vor dem Hang ⤳ weiter dem kreuzungsfreien Waldweg folgen ⤳ etwas vor der B 1 stößt von rechts der Hermannsweg hinzu.

Auf den Externsteinen

Auf dem Hermannsweg am **Kiosk** vorbei durch das Tor der Externsteine ⤳ ⚠ Markierung bis zum Kamm unter Umständen lückenhaft ⤳ nach 50 m links die Stufen hinauf und scharf links auf den steinigen Weg ⤳ steil hoch mit Sicht auf die Externsteine ⤳ 10 m vor den Steinen rechts und gleich danach an der Gabelung links ⤳ ⚠ Weg bis zum Kamm bei Laub- oder Schneebedeckung schwer erkennbar, suchen Sie das nächste H-Symbol ⤳ an der nächsten Gabelung geht es links zu einem **Aussichtsstein** mit Geländer, Sie halten sich rechts und folgen dem leichten Rechtsbogen weiter bergauf ⤳ weiter auf dem naturbelassenen **Kammweg** mit einigen verstreuten Aussichtsbänken ⤳ zur Rechten liegt eine birkendurchwobene Heidelandschaft.

Die **Bergheide** auf dem Knickenhagen entstand durch jahrhundertelange Beweidung, die zu ihrem Erhalt fortgeführt werden muss.

Es geht recht direkt bergab auf steinigem Weg ⤳ ca. 100 m nach Ende der Heide links in den schmalen Pfad, der rasch an Höhe verliert ⤳ nach 150 m rechts, kurz darauf an der T-Kreuzung nochmals rechts in den breiten Waldweg, von links stößt der Eggeweg hinzu ⤳ kurz vor der L 828 rechts in die kleinere Asphaltstraße.

AUSFLUG Für einen Abstecher nach **Horn** gehen Sie vor zur Landstraße und dort nach links.

Horn-Bad Meinberg

PLZ: 32805; Vorwahl: 05234

Tourist-Info Horn-Bad Meinberg, Allee 9, ☎ 98903

Traktorenmuseum, OT Kempen, Kempener Str. 33, ☎ 05255/236, ÖZ: Di-So 14-18 Uhr

Burgmuseum, Burgstr. 13, ☎ 201200, ÖZ: Mai-Okt., Di-So 14-16 Uhr. Das Museum in der Burg informiert über die Stadtgeschichte, die Externsteine sowie über die Historie der Burg.

Die **Burg Horn** (1348) diente den Edelherren zur Lippe als Wohnsitz. Beherbergt heute das Museum.

Kurpark, OT Bad Meinberg, etwa 1770 geschaffen. Zu sehen sind das Kurtheater, der Brunnentempel mit der Bad Meinberger Heilquelle sowie eine Musikmuschel.

Horn wird 1248 erstmals urkundlich erwähnt, hundert Jahre darauf wurde die gleichnamige Burg fertiggestellt. Im 15. Jahrhundert folgten die Braunschweiger und Soester Fehde. Über das 16. Jahrhundert wächst die Bevölkerungszahl von Horn stetig an. 1767 wird Meinberg schließlich zum

Kurort, woraufhin der Kurpark und Kurhäuser entstehen. 1864 wird die Stadt durch Feuer teilweise zerstört, doch mit dem Wiederaufbau erhält sie einen Bahnanschluss. 1970 werden Horn und Bad Meinberg mit 14 weiteren Gemeinden zur Großgemeinde Horn-Bad Meinberg zusammengeschlossen. Heute erlangt besonders das historische Mineral- und Moorheilbad Meinberg mit seinen Schwefelmoor- und Mineralquellen eine hohe Bekanntheit.

TIPP Eggeweg und Hermannsweg verlaufen bis zur Lippischen Velmerstot gemeinsam.

5 7,0 Am **Wanderparkplatz** links in den kleinen Weg entlang des **Zangenbaches** ~ unter der **B 1-Brücke** hindurch und links über den Bach und die L 828 ~ geradeaus bis zum ersten gemeinsamen Wegweiser von Hermanns- und Eggeweg ~ den Berg hinauf ~ am höchsten Punkt bei der Kreuzung geradeaus ~ nach rund 500 Metern halb rechts auf einen schmalen, steilen Pfad bergab ~ geradeaus auf die schmale Asphaltstraße.

TIPP Auf den 6 km bis Leopoldstal sind nun lohnende 215 Höhenmeter zu überwinden. Wollen Sie steigungsfrei in den Ort, gehen Sie vor dem Teich der Silbermühle links und biegen nach 1 km rechts in die Straße **Silbergrund** ab.

6 8,9 Vor der Brücke zur **Silbermühle** rechts in das **Silbertal**.

Waldhotel Silbermühle, 32805 Horn-Bad Meinberg, Neuer Teich 57, ✆ 05234/2222. Romantische Einkehr am Mühlteich.

Im tief eingekerbten Tal des romantisch dahinplätschernden Silberbaches, der sich seinen Weg entlang eindrucksvoller Sandsteinriesen bahnt, findet das Wandererherz seine Erfüllung. Neben dem Silber, das die Sonne hervorzaubert, wenn sie die Wasser des Baches manchmal erreicht, wurde vor 300 Jahren tatsächlich nach dem Edelmetall gesucht, jedoch mit wenig Erfolg.

Als ergiebig zeigte sich hingegen die Nutzung der Kraft des Wassers. So gab es neben drei Mahlmühlen mehrere Schleif- und auch Walkmühlen. In letzteren wurden Filze und Tuche be

Bergheide

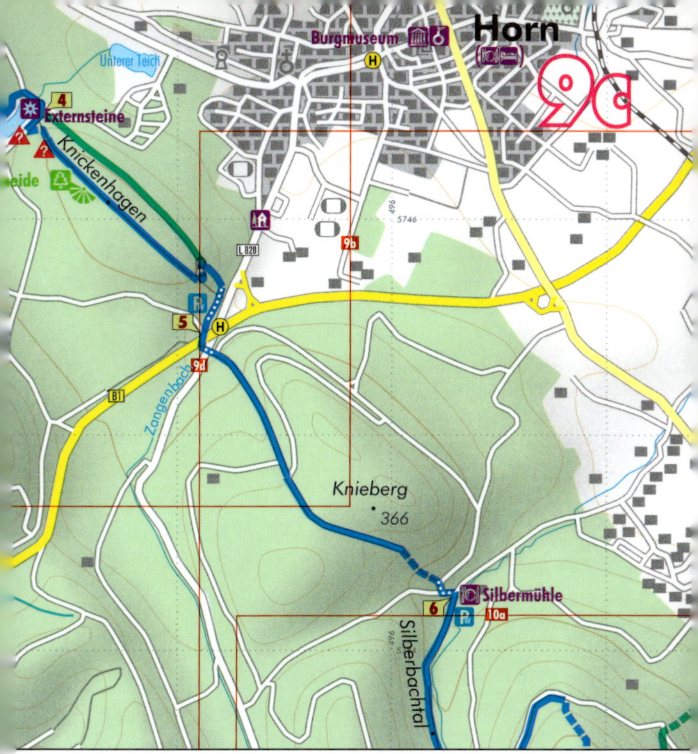

arbeitet, in den Schleifmühlen Werkzeuge und Waffen geschärft.

An den steilen Flanken des Tales finden sich daneben auch noch alte Steinbrüche, in denen seit dem 16. Jahrhundert der hiesige Osningsandstein gebrochen und weiterverarbeitet wurde.

Vor einer Furt rechts halten und auf dem linken Ufer der Kattenbeke bleiben ~ nach rund 250 m über die Brücke und auf das andere Bachufer ~ nach der Brücke rechts, bachaufwärts ~ nach rund 200 m über Wurzeln bergauf ~ vor der **Holzbrücke** mit rechtsseitigem Geländer links ~ an der Gabelung links leicht bergauf.

7 10,8 An der T-Kreuzung mit der Forststraße links Richtung **Leopoldstal** ~ nach rund 500 m vor einem Haus rechts abbiegen ~ nach gut 1 km die Forststraße nach rechts verlassen ~ über einen schmalen und steilen Steig bergauf ~ links halten, nun etwas flacher ~ über eine Hochheide weiter hinauf zur **Lippischen Velmerstot**.

Lippische Velmerstot, mit 441 m der zweithöchste Berg des Eggegebirges. Rund um den felsigen Gipfel befindet sich ein trockenes Heidegebiet auf Silikatfelsen. Der ökologische Grenzstandort ist nahezu baumfrei. Die Vegetation besteht aus Behaartem Ginster, Heidelbeere, Kolbenbärlapp und Preiselbeeren. Bei guter Sicht können Sie zum 11 km entfernten Hermannsdenkmal nach Nordwesten und zum 25 km enfernten Köterberg nach Osten blicken.

8 13,0 An der T-Kreuzung rund 150 m nach dem Gipfel nach links.

TIPP

Der Eggeweg führt hier geradeaus weiter. Wollen Sie nicht auf den letzten Kilometern des Hermannsweges hinab nach Leopoldstal, finden Sie die Fortsetzung auf S. 116.

Links abbiegen in den Abstieg nach Leopoldstal ~ an der T-Kreuzung mit einem breiteren Weg links ~ über einen Umkehrplatz und danach rechts auf einen schmalen Steig ~ an einem Wasserhochbehälter vorbei am Feuerwehrhaus vorbei in die Straße **Silbergrund** ~ den Waldweg kreuzen ~ rechts in die **Leopoldstaler Straße** ~ nach gut 300 m links zum Bahnhaltepunkt.

9 15,3 Etappenende und Schlusspunkt des Hermannsweges am **Bahnhaltepunkt** in Leopoldstal.

Leopoldstal

Im Silberbachtal

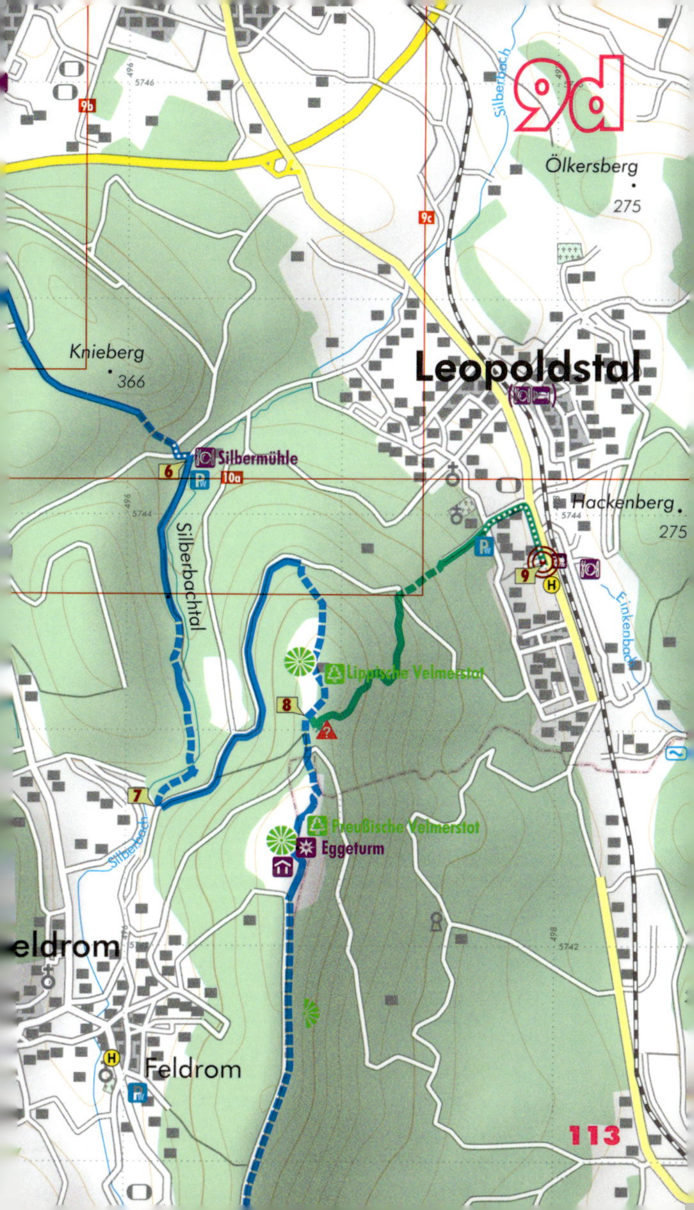

9d
Ölkersberg
275
Silberbach
9b
9c
Knieberg
366
Leopoldstal
Silbermühle
6
10a
Silberbachtal
Hackenberg
275
9
Einkenbach
Lippische Velmerstot
8
7
Silberbach
Preußische Velmerstot
Eggeturm
eldrom
Feldrom

Etappe 10

Leopoldstal – Bad Driburg

Länge: 18,6 km
Start: Leopoldstal, Bahnhof
Ziel: Bad Driburg
Gehzeit: 4,5 bis 5 Std.
Aufstieg: 435 m
Abstieg: 259 m
Hartbelag: 12 %
Spazierwege: 66 %
Wanderpfade: 22 %

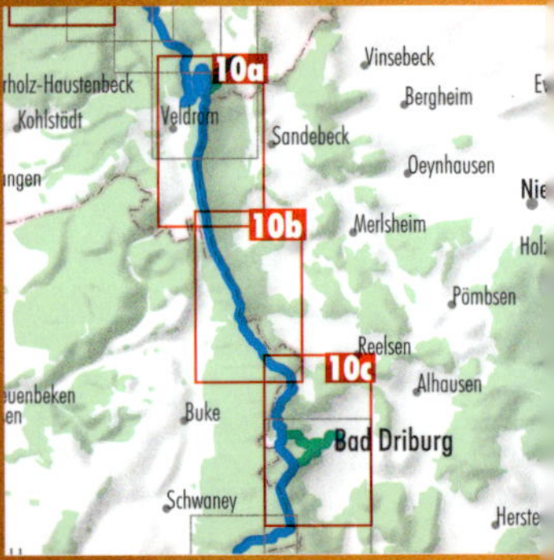

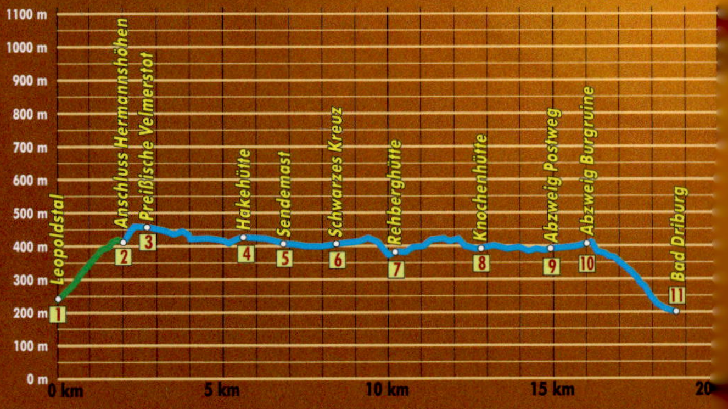

Auf der Preußischen Velmerstot

Charakteristik: Der gesamte Eggeweg ist weitgehend naturbelassen und zeigt ein sehr ursprüngliches Erscheinungsbild. Ortschaften oder Gastronomie liegen selten direkt am Weg, befestigte Wege gibt es kaum.

Nach dem Aufstieg von Leopoldstal zur Lippischen Velmerstot verläuft die Etappe relativ frei von größeren Anstiegen mit leichtem Abwärtstrend. So geht es über die Preußische Velmerstot und den Feldromer Berg leicht westlich des Kamms bis zur Rehberghütte. Generell bilden auf dem Eggeweg meist Rasthütten die besten Orientierungspunkte. Kurz hinter dem Eggekrug verlassen Sie den Eggeweg und können wahlweise über den alten Postweg oder die Burgruine Iburg in das 200 Meter tiefer gelegene Bad Driburg absteigen.

Tipp: Nehmen Sie genügend Proviant mit, die Etappe verläuft besonders abgeschieden.

Leopoldstal

1 0,0 Vom Bahnhaltepunkt rechts auf die **Leopoldstaler Straße** ⁓ links in die Straße **Silbergrund** ⁓ den Waldweg kreuzen ⁓ am Feuerwehrhaus vorbei ⁓ an einem Wasserhochbehälter vorbei ⁓ nach rund 250 m links auf einen Umkehrplatz ⁓ rechts bergauf halten ⁓ nach rund 1 km rechts auf den Sattel zwischen **Lippischer** und **Preußischer Velmerstot** ⁓ links auf den Eggeweg.

2 2,0 Auf dem **Eggeweg** weiter Richtung Preußische Velmerstot ⁓ an einer Gabelung links ⁓ an der T-Kreuzung mit einer Forststraße rechts ⁓ nach wenigen Metern links bergauf auf einen steinigen Weg ⁓ dem schmalen Pfad folgen.

3 2,7 Bei der **Preußischen Velmerstot** am Unterstand vorbei.

TIPP Links befindet sich der Eggeturm. Von der Aussichtsplattform auf 9 m Höhe bietet sich ein imposanter Rundblick.

Preußische Velmerstot (468 m) mit **Eggeturm**, höchste Erhebung des Eggegebirges. Das Gelände war bis 1994 militärisches Sperrgebiet und wurde in den letzten Jahren vom Forstamt Paderborn renaturiert.

Hinter dem **Unterstand** kurz bergab und danach links ⁓ links neben einer Asphaltstraße Richtung Süden ⁓ am **Wegkreuz** links halten und kurz über Asphalt ⁓ leicht bergab ⁓ entlang des linksseitigen Geländers oberhalb eines Abhanges ⁓ an der Gabelung links bergab ⁓ wieder parallel zur Asphaltstraße ⁓ an der Gabelung links weg von der Asphaltstraße ⁓ am **Rastplatz** mit dem Bedastein vorbei.

Bedastein. Der steinerne Bildstock wurde 1936 wieder aufgestellt und ehrt Pater Dr. Beda Kleinschmidt, Kunsthistoriker von Weltruf und Volkskundler, für seine Verdienste um den Eggeweg und als Seelsorger von Feldrom.

4 5,6 Im spitzen Winkel über eine Waldstraße, links befindet sich die **Hakehütte** ⁓ auf dem Waldweg weiter geradeaus.

5 6,8 Kurz vor einem **Sendemast** öffnet sich der Wald bei einer **Aussichtsbank** nach rechts ⁓ der Weg wird schmaler ⁓ die Wegmarkierung erscheint zum Teil nur sporadisch, der Wegverlauf ist jedoch eindeutig ⁓ der Weg gewinnt an Breite ⁓ 1 km nach dem Sendemast zweigt links ein Weg ab, Sie folgen dem Kammweg ⁓ unter **Hochspannungsleitungen** hindurch.

Eggeturm

10a
Hackenberg
275
Silberbachtal
Lippische Velmerstot
Leopoldstal
Einkenbach
Silberbach
Preußische Velmerstot
Eggeturm
drom
Feldrom
Hinterberg
280
Achterberg
290
9d
Bedastein
Hakehütte
Durbeke
Kempen
Traktorenmuseum
10b
Grevenhagen
1
2
3
4
5

Blick auf Bad Driburg

6 8,4 An der **Rasthütte Schwarzes Kreuz** weiter geradeaus.

AUSFLUG Von hier kommen Sie in 3 km nach Altenbeken.

Altenbeken

PLZ: 33184; Vorwahl: 05255

- **Gemeinde Altenbeken**, Bahnhofstr. 5a, ✆ 12000
- **Eggemuseum**, Alter Kirchweg 11, ✆ 12000. Neben einer Ofenausstellung mit Exponaten aus dem 16.-19. Jh. wurde hier auch eine mittlerweile renommierte Kleinkunstbühne etabliert.
- Der **Altenbekener Viadukt**, 1853 vom preußischen König Friedrich Wilhelm IV. eröffnet, gilt als größte Kalksandsteinbrücke Europas. Auf einer Höhe von 35 m überspannt er mit 24 Bögen das Tal der Beke.
- **Denkmalslok**, bis 1976 im Dienst. Sie symbolisiert die Altenbeken prägende Dampflokzeit und steht mitten im Ort.

Wenig später wird der Weg für 500 m schmaler, Sie folgen dem Kamm ~ der Weg wird wieder breiter ~ der Weg kann bei nassem Wetter sehr aufgeweicht sein ~ im Rechtsbogen langsam bergab ~ in einem hohlwegartigen Linksbogen weiter bergab.

7 10,2 An der **Rehberghütte** über die **L 755** und geradeaus auf einer Waldstraße hinauf zum Kamm ~ am **Scholandsstein** geradeaus halten, es geht sanft bergab.

Scholandstein, errichtet zu Ehren Franz Scholands, der die Geschichte des Eisenerzbergbaus in der Region erforschte.

Am **Rastplatz** und dem Stein mit der Aufschrift geradeaus ~ direkt dahinter dem leichten Linksbogen der Waldstraße folgen ~ an der rechts einmündenden Waldstraße geradeaus, die Landschaft öffnet sich nach links.

8 12,8 Weiter bis zur **Knochenhütte**.

AUSFLUG Von hier können Sie auf direktem Weg ins Zentrum von Bad Driburg gelangen.

Die Waldstraße wendet sich nach links, hier halbrechts in den kleinen Waldpfad ~ der Weg schlängelt sich dicht am Waldrand ~ beim Ende des Pfades an der T-Kreuzung rechts in die geschotterte Waldstraße ~ bergauf bis zum **Unterstand** ~ geradeaus über die Kreuzung kurz danach links halten ~ an der kleinen Wendeschleife geradeaus auf der Straße ~ an der Gabelung links ~ auf der Brücke über die B 64.

10b
Grevenhagen
Kinkeberg
300
10a
5
6
Schwarzes Kreuz
Langeland
5736
Rehberghütte
7
L755
enbeken
Trötenberg
310
Bollerborn
Scholandstein
10c
5734
Dübelsnacken
435
8
Knochenhütte

Am Ende des **Wanderparkplatzes** links halten und parallel zur **K 18** ⤳ der Weg wird schmaler ⤳ rechts über die K 18 in die Asphaltstraße.

9 14,9 Kurz darauf von dieser links ab und am Waldrand entlang.

TIPP Für den Abstieg empfehlen wir den Postweg, da der Weg über die Iburg den Start der nächsten Etappe bildet. Der Eggeweg folgt weiter dem Waldrand.

Postweg nach Driburg 2,4 km

Vom Pfad am Waldrand nach ca. 200 m links abbiegen ⤳ dem Verlauf des **Alten Postweges** unter der B 64 hindurch folgen ⤳ bei der Schlinge der K 18 rechts am Waldrand entlang ⤳ an der Gabelung links ⤳ am Waldrand bis zur T-Kreuzung mit einer Straße ⤳ links bis zur Kreuzung ⤳ halblinks in die **Schützenstraße** ⤳ an der T-Kreuzung rechts in die **Lange Straße** ⤳ nach 300 m haben Sie das Etappenziel erreicht.

Auf dem Eggeweg dem schmalen Pfad am Waldrand folgen ⤳ links an dem Schlagbaum vorbei ⤳ am **Unterstand** vorbei und in den Wald ⤳ in der Nähe der **Driburger Hütte** über die schmale Asphaltstraße auf einen Parkplatz ⤳ halb links über den **Parkplatz**.

10 16,0 Nach rund 600 m parallel zur Straße an der Kreuzung links ⤳ bis zur **Burgruine** ⤳ am Ende der Straße links auf dem Pfad absteigen ⤳ am Ende rechts auf die Straße ⤳ in einer S-Kurve unter de[r] B 64 hindurch ⤳ an der Kreuzun[g] links in die **Schützenstraße**.

11 18,6 An der T-Kreuzung rechts i[n] die Lange Straße ⤳ bis zur Kirche.

Bad Driburg

PLZ: 33014; Vorwahl: 05253

- **Tourist-Information**, Lange Str. 140, ✆ 9894[0]
- **Glasmuseum**, Schulstr. 7, ✆ 974494, ÖZ: Di-S[o] 14-17 Uhr. Spiegelt die jahrhundertelange Glasmachertradition und Leben und Arbeit der Glasmacher wider.
- **Modellbundesbahn**, Brakeler Str. 4, ✆ 93408[4] ÖZ: Do-So 11-18 Uhr. Zeitreise der besonderen Ar[t] mit 800 m Gleisen in einer detailgetreuen Landschaft.
- **St. Peter und Paul** (1897), dreischiffige neugotische Hallenkirche mit vollständig erhaltener Ausstattung.
- **Kristallglas-Manufaktur Ruhland**, Lange Str. 127, ✆ 3693, ÖZ: Mo-Sa 9.30-12 Uhr u. 13.30-18 Uhr, So/Fei 13.30-17 Uhr. Glasbläservorführung, Glasschleiferei, Verkauf.
- **Bahnhof** (1865), spätklassizistisches Gebäude, 2007 grundlegend saniert. Wird derzeit privat genutzt.
- **Salzgrotte**, Am Hellweg 10, ✆ 974238, ÖZ: 9.45-13 Uhr, 13.45-18 Uhr. In der Grotte lässt es sich mit der Heilkraft des Salzes entspannen.
- **Gräflicher Park** mit Wildgehege, 2005 zum schönsten Park Nordrhein-Westfalens gekürt. Hier lassen sich Hinweise auf berühmte Gäste des Bade[s] wie z. B. Friedrich Hölderlin finden. Das Wildgeheg[e] beherbergt etwa 50 Tiere in 2 Arten.
- **Driburg Therme**, Georg-Nave-Str. 24, ✆ 70116, ÖZ: Mo 14-22 Uhr, Di-Fr 10-22 Uhr, Sa, So/Fei 10-20 Uhr. Erbaut nach dem Vorbild einer römischen Therme.

Reelsen
10c
übelsnacken
435
Knochenhütte
8
10b
Schwensberg
380
Driburg-Therme
11a
Katzlohbach
K 18
9
Bad Driburg
Glasmuseum
St. Peter und Paul
Lange Straße
11
Kristallglas-Manufaktur
Salzgrotte
B64
Pyrmonter Straße
Konrad-Adenauer-Pl.
Modellbahnschau
Burgruine Iburg
Sachsenklause
10
Dreifaltigkeits-Kloster
Sternwarte
Dringenberger Straße
Hilgenbach
B64
Sülberg
320
Aschenhütte
Trappistenhof

Etappe 11

Bad Driburg – Willebadessen

Länge: 21,6 km
Start: Bad Driburg
Ziel: Willebadessen, Schloss
Gehzeit: 5,5 bis 6 Std.
Aufstieg: 293 m
Abstieg: 291 m
Hartbelag: 33 %
Spazierwege: 38 %
Wanderpfade: 29 %

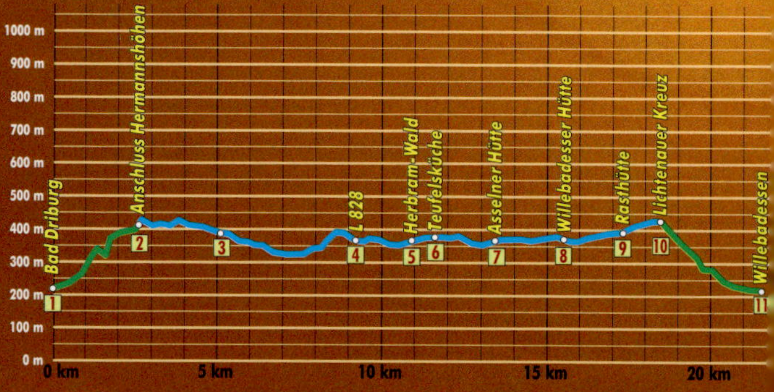

Charakteristik: Die Etappe verläuft sanft bewegt und bietet eines der schönsten Stücke der Hermannshöhen bei Teufelsküche sowie zwei kürzere Anstiege im zweiten und vierten Viertel.

Von Bad Driburg steigen Sie über die Burgruine Iburg zum Kamm auf. Wieder auf dem Eggeweg, steigt der Weg bis zum Bodental beständig ab und schwingt dann leicht bis zum Paderborner Berg, ab dort dann hinauf bis zum Lichtenauer Kreuz. Unterwegs passieren Sie Herbram Wald und kurz darauf den wirklich zauberhaften Märchenwald an der Steilkante bei Teufelsküche. Tief im Tal verläuft die Bahnstrecke, entlang deren Linie Sie dem Weg bis zum Lichtenauer Kreuz folgen. Der Abstieg nach Willebadessen entfernt Sie aufs Neue vom Eggeweg und führt wiederum ca. 200 Meter tiefer.

Tipp: Frühstücken Sie gut, die Etappe beginnt mit dem Aufstieg zurück zum Kamm.

Bad Driburg

1 0,0 Von der Kirche auf der **Langen Straße** Richtung Eggegebirge ~ nach 400 m links in die **Schützenstraße** ~ an der Kreuzung Kapellenstraße halbrechts in den Wald ~ unter der B 64 hindurch und nach 50 m links bergauf in den steilen Pfad ~ diesem über einige Spitzkehren bis hoch zur **Burgruine** folgen ~ am Ende auf die Straße und rechts der Burg entlang.

Burgruine Iburg (753), sächsische Fliehburg, 1444 weitgehend zerstört. Die Burgruine ist frei zugänglich, vom Kaiser-Karls-Turm bietet sich eine herrliche Aussicht auf Bad Driburg.

Sachsenklause, Westenfeldmark, 05253/2404, ÖZ: Mi-Mo ab 9.30 Uhr

Der Straße über einen Links-rechts-Knick 800 m bis zur Kreuzung beim Eggeweg folgen, dort links.

2 2,6 Vom **Parkplatz** kommend auf dem Eggeweg an der asphaltierten Kreuzung geradeaus auf den schmalen, zunächst asphaltierten Pfad ~ Rechtsbogen beim **Unterstand** ~ an der T-Kreuzung mit der Forststraße links ~ nach rund 1,5 km auf dem Weg geradeaus an einem einzelnen Haus vorbei.

3 5,1 Links halten Richtung **Herbram-Wald** ~ nach rund 300 m brüchiger Asphalt ~ links halten und über eine **Brücke** mit Holzgeländer ~ nach rund 800 m die Forststraße nach links verlassen ~ für 500 m parallel zur Forststraße leicht bergauf auf einem schmalen, wurzeligen Pfad ~ Abkürzung über die Forststraße und einen mäßig guten Weg ~ diese zweimal kreuzen ~ zuletzt den Weg nach links verlassen ~ steiler bergauf entlang eines Zaunes, der einen Steinbruch

Auf dem Eggeweg

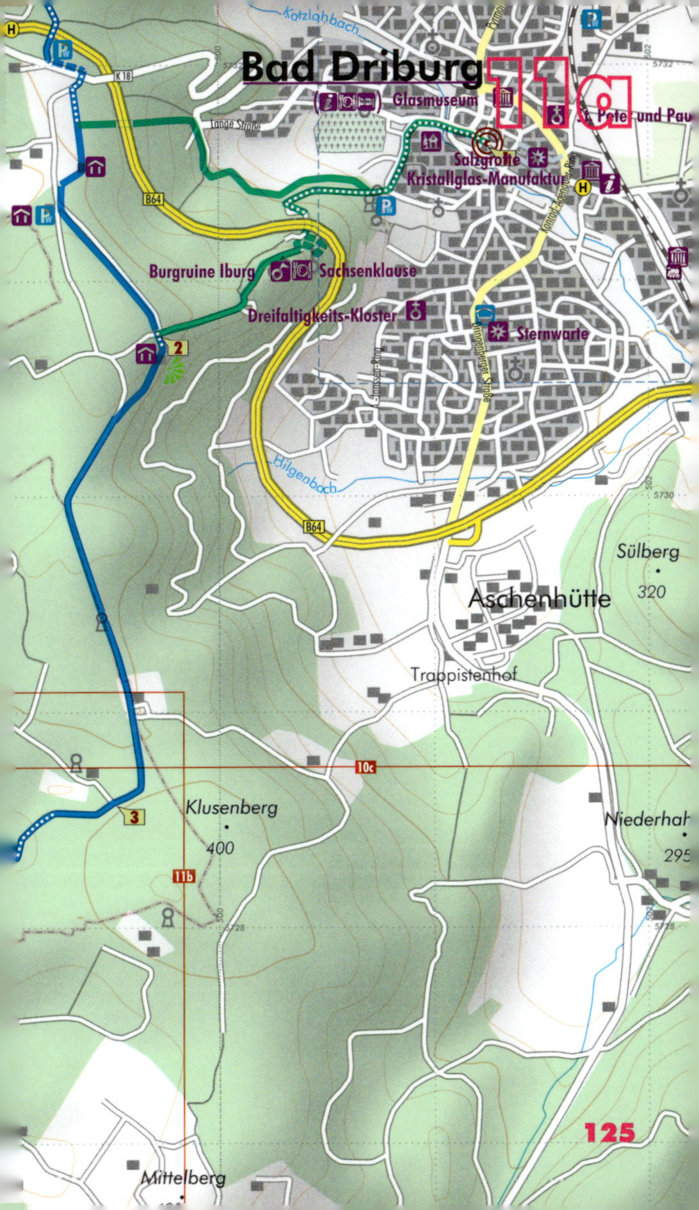

Bad Driburg
11a
Glasmuseum
St. Peter und Pau
Salzgrotte
Kristallglas-Manufaktur
Katzlohbach
Lange Straße
K18
B64
Burgruine Iburg
Sachsenklause
Dreifaltigkeits-Kloster
Sternwarte
Konrad-Adenauer-Ring
Dringenberger Straße
A.-Janssen-Ring
Pyrmonter
Hilgenbach
B64
Sülberg
320
Aschenhütte
Trappistenhof
10c
Klusenberg
400
11b
Niederhab
295
Mittelberg
2
3

absichert ⤳ an der Forststraße rechts ⤳ rund 700 m leicht bergab bis zur L 828.

4 9,2 Schräg rechts über die **L 828** ⤳ rechts der L 817 auf einem schmalen Pfad ⤳ an einer von der L 817 abzweigenden Forststraße links und sofort wieder rechts ⤳ am Gehsteig vor bis zur **K 13** und diese überqueren ⤳ am Ortsrand von Herbram-Wald bis zur Kreuzung am Parkplatz vor der Rechtskurve.

TIPP Am Wanderparkplatz steht als Regenschutz ein großzügiges Bus-Wartehäuschen bereit.

Herbram-Wald

Der folgende Abschnitt des Eggegebirges gehört zur Wasserscheide zwischen Weser und Rhein. Hier entspringen zahlreiche kleine Quellen, die häufig zu aufgeweichten Wegen und Wasseransammlungen führen.

TIPP Bei oder nach nassem Wetter empfehlen sich für diesen Abschnitt wasserfeste Schuhe.

5 10,9 An der Kreuzung links in den Wald ⚠ und gleich an der Gabelung nicht auf die Asphaltstraße, sondern links auf den kleinen Trampelpfad ⤳ nach 500 m rechts, gleich wieder links und dann auf einem kleinen Wurzelpfad rechts in den Wald.

TIPP Das Gebiet um Teufelsküche gehört zu den eindrucksvollsten der Hermannshöhen.

6 11,6 Der wurzelige Pfad führt dicht oberhalb eines tiefen Abhanges entlang ⤳ Sie befinden sich in **Teufelsküche**.

Bei Teufelsküche

Bei Teufelsküche fallen die Klippen gen Osten steil ins Nethetal ab. Durch einen verwunschenen Märchenwald voll moosbezogener Baumleiber führt der Wanderer seinen Fuß dicht am Abgrund über wurzligen Nadelboden und durch dichtes Blaubeerkraut.

Weiter entlang der Hangkante ⤳ kurz vor einem Rechtsknick des Weges lädt eine Natursteige zum Abstecher nach Neuenheerse ⤳ weiter oberhalb der Steilwand, der Weg wird sehr schmal ⤳ von der Hangkante weg nach rechts bis zur T-Kreuzung ⤳ links auf die Waldstraße, die bei feuchtem Wetter stark aufgeweicht sein kann ⤳ nach 400 m an der Kreuzung etwas links der Waldstraße auf einem wurzligen Pfad geradeaus ⤳ weiter zwischen den Baumstämmen nahe der Waldstraße ⤳ 350 m später weiter direkt auf der Waldstraße.

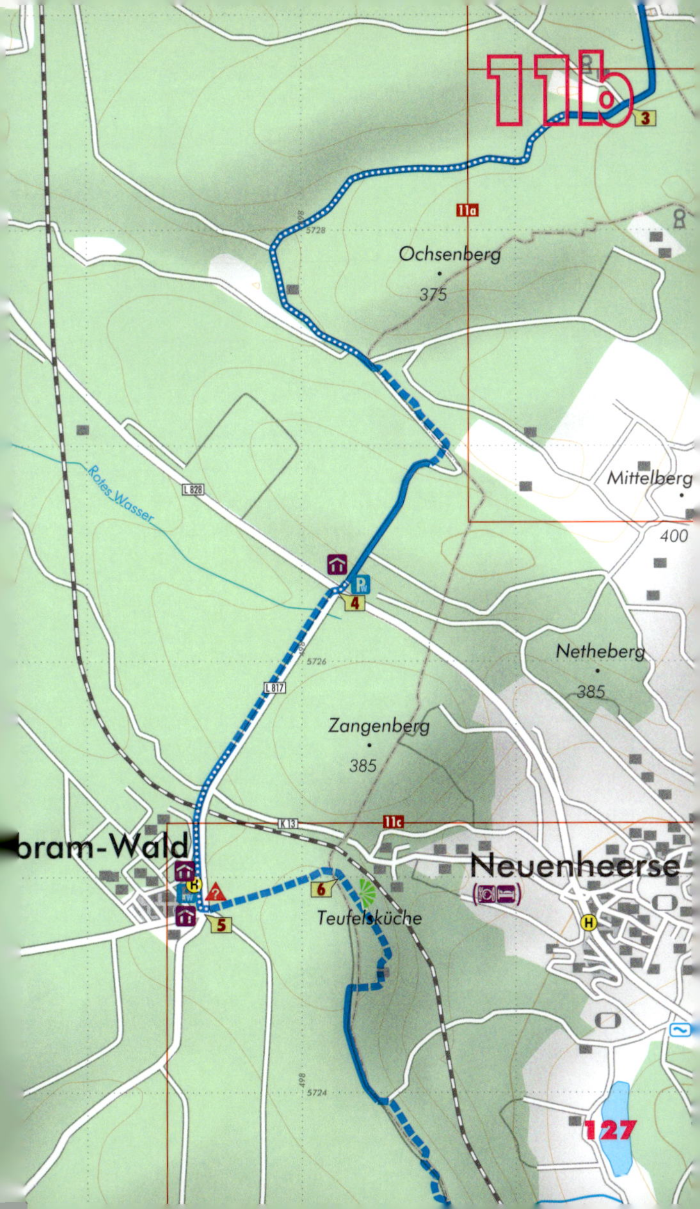
11b
3
11a
5728
498
Ochsenberg
375
Mittelberg
400
L 828
Rotes Wasser
4
5726
L 817
Netheberg
385
Zangenberg
385
K 13
11c
bram-Wald
Neuenheerse
6
5
Teufelsküche
5724
127

7 13,4 Nach der **Asselner Hütte** geht es einige Meter höher und der Weg wird besser ~ geradeaus, ggf. mal rechts, mal links neben der Waldstraße ~ beim Abzweig von links weiter dem Wegverlauf folgen, zur Linken befindet sich nun wieder ein steiler Abhang ~ etwas später weiter auf dem wurzligen Pfad links des Waldweges ~ die Beschilderung ist meist mit weißer Farbe direkt auf die Baumstämme aufgetragen ~ hinter einer **kleinen Buche** mit großer Krone wird der Weg zum schmalen Wiesenpfad ~ wenn Sie nach rechts freie Sicht durch die Fichtenstämme haben, halten Sie sich etwas rechts ~ im leichten Rechtsbogen 150 m bis zur **Lichtung** ~ im Rechtsbogen auf sandigem Weg am Waldrand entlang ~ am Ende des Weges auf dem Bogen einer geschotterten Waldstraße links.

Auf dem Eggeweg

Sendeturm Lichtenauer Kreuz

8 15,5 Bei der **Willebadesser Hütte** geradeaus in den Waldweg ~ weiter geradeaus, vorbei an einem Findling am Wegesrand ~ auch dieser Abschnitt kann bei feuchter Witterung aufgeweicht sein ~ weiter auf einem nadeligen Waldweg ~ auf Höhe einer kleinen Lichtung zur Rechten wird der Weg schmaler ~ bei der Einmündung von rechts hinter der Lichtung weiter geradeaus auf der Waldstraße ~ vorbei an weiteren Lichtungen.

9 17,3 An der Kreuzung beim **Unterstand** geradeaus.

TIPP: Von hier sind es bis zum Bahnhof von Willebadessen 2,2 km, ins Zentrum 3,7 km.

Der Weg verläuft sehr schön links der zeitweise zerfahrenen Waldstraße ~ der Wald öffnet sich und bietet links einen weiten Blick.

K 13
Neuenheerse
Nacken
340
11c
6
Teufelsküche
H
498
5724
500
Asselner Hütte
7
Nethe
Wertheim
Glasewasser
5722
Paderborner Berg
380
8
Willebadesser Hütte
11d
Wildpark
5720
9
12a

10 18,4 Der Weg wird breiter und ist am Sendeturm beim **Lichtenauer Kreuz** schließlich geschottert.

TIPP Erneut geht es weg vom Wanderweg, um nach 3,2 km zum Etappenziel zu gelangen.

Links in die Straße ⤳ an der Kreuzung mit der L 763 links und gleich wieder rechts in den Waldweg ⤳ dem Verlauf bis zur L 763 folgen ⤳ diese überqueren und nach rechts ⤳ unter den Gleisen hindurch, jetzt auf der **Bahnhofstraße** ⤳ auf der Brücke über die L 828 ⤳ nach 800 m liegen rechts **Kloster** und **Schloss**.

11 21,6 Beim Schloss haben das heutige Etappenziel erreicht.

Willebadessen

PLZ: 34439; Vorwahl: 05646

- **Touristinformation**, Haus des Gastes, Klosterhof 1a, ✆ 942093
- ehemaliges **Benediktinerinnenkloster** (1149) und **Schloss**, Klosterhof, ✆ 777, ÖZ: Außenanlagen ganztägig, Führungen n. V. ÖZ Kirche: 9-18 Uhr. Nach 700-jährigem Bestehen wurde das Kloster 1810 durch die preußische Regierung aufgelöst. 1871 wechselte es in den Besitz der Familie von Wrede und erfuhr bauliche Veränderungen. Die Anlage hatte stets große Bedeutung für die Stadt Willebadessen und ihr Umland. Seit 1977 im Besitz der Stiftung europäischer Skulpturenpark.
- **Fernmeldeturm** Willebadessen, selbst mehr als 150 m hoch, steht auf einer Höhe von 417 m. Er dient u. a. dem Richtfunk und der Ausstrahlung eines Radiosenders.
- **Viadukt** vor dem ansteigenden Eggegebirge
- **Eggetunnel** (2003). Der knapp 3 km lange Eisenbahntunnel durchquert das Massiv des Eggegebirges zwischen Willebadessen und Altenbeken.
- **Wildgehege**, frei zugänglich. Auf großen Flächen leben hier Dam- und Rothirsche, Mufflons und Sikawild, etwas abseits existiert noch ein Wildschweingehege.
- **Skulpturenpark**, nahe des Klosters und im benachbarten Kurpark wurden verschiedene moderne Skulpturen aufgestellt.

11d
Nethe
Wildpark
12a
11c
Eggetunnel
Willebadessen
Skulpturenpark
Benediktinerinnenkloster
11
L 828
enauer Kreuz
Fernmeldeturm
K 26
10
Hexenberg
330
Viadukt
Rickebach
L 763
Strohberg
385
Mühlenberg
330
Hellebach
Kleiner Herrgott
Teutoniaklippen

Etappe 12

Willebadessen – Blankenrode

Länge: **21,2 km**

Start: **Willebadessen, Schloss**

Ziel: **Blankenrode**

Gehzeit: **5,5 bis 6 Std.**

Aufstieg: **379 m**

Abstieg: **427 m**

Hartbelag: **16 %**

Spazierwege: **58 %**

Wanderpfade: **26 %**

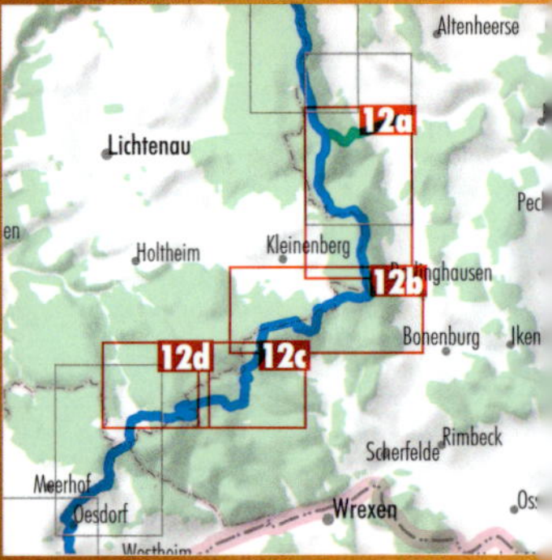

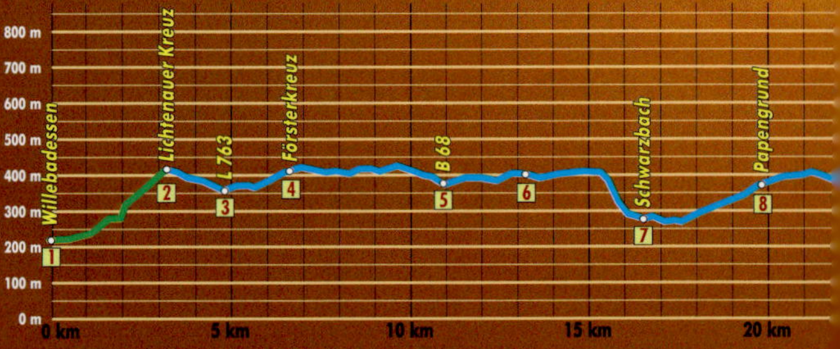

Charakteristik: Die an Naturschönheiten besonders reiche Etappe beginnt mit dem Aufstieg zum Lichtenauer Kreuz beim Sender Eggegebirge. Das Gelände ist über die Etappenlänge leicht bewegt, im letzten Drittel geht es 150 Meter tiefer und wieder hinauf. Sie wandern oberhalb der Teutoniaklippen und kommen vorbei am Aussichtsturm Bierbaums Nagel. Später führt der Weg am Steilhang des Klippen- und Felsenmeers entlang. Sie passieren die Nadel mit ihrer weiten Aussicht. Ab hier geht es vorbei an Roters Eiche 150 Meter tiefer ins Tal des Schwarzbaches. Durch den tief eingeschnittenen Papengrund steigen Sie auf zur Stadtwüstung Blankenrode und erreichen wenig später das Etappenziel Blankenrode.

Tipp: Ein gutes Frühstück empfiehlt sich auch heute. Bitte denken Sie zudem für diese abgeschiedene Etappe an ausreichend Proviant und Getränke.

Willebadessen

1 0,0 Vom Schloss auf der **Langen Straße**, später **Bahnhofstraße**, Richtung Bahnhof ~ auf der Brücke über die L 828 ~ unter den Gleisen hindurch ~ in der Linkskurve gegenüber der Einmündung links in den Waldweg und gleich an der Gabelung rechts ~ bis zur Landstraße ~ an der Kreuzung von L 828 und K 26 in die **K 26** Richtung Lichtenau ~ nach 700 m beim Parkplatz am Lichtenauer Kreuz links auf den Eggeweg.

2 3,2 Vom Sendeturm kommend beim Lichtenauer Kreuz über die K 26 ~ an der Gabelung rechts halten ~ nach rund 1,5 km geradeaus auf die **L 763**.

3 4,8 200 m später die L 763 nach links verlassen auf einen schmalen Pfad ~ geradeaus auf die Forststraße ~ an der Kreuzung geradeaus.

Kleiner Herrgott. Reste eines Steindenkmals, das auf Karl den Großen zurückgehen soll.

Nach rund 500 m an einer Kreuzung die zweite links wählen.

4 6,6 An der T-Kreuzung beim **Försterkreuz** rechts ~ links ab von der Forststraße in Richtung **Teutoniaklippen** ~ Rechtsschwenk und rund 800 m oberhalb der Klippen entlang.

Bierbaums Nagel

Die **Teutoniaklippen** sind eine buchenbestandene Formation von Sandsteinfelsen mit reichem Bodenbewuchs und mehreren Quellen.

Zurück auf der Forststraße links halten ~ knapp 2 km dem Hauptweg geradeaus folgen.

AUSFLUG Einen halben Kilometer später können Sie in 200 m zu Bierbaums Nagel gelangen.

Bierbaums Nagel (1849). Ostwestfalens ältester Aussichtsturm liegt auf 432 m Höhe. Das beliebte Ausflugsziel ist rund um die Uhr frei zugänglich.

Der Weg wird etwas schlechter ~ Rechtsbogen zu einer anderen Forststraße ~ rechts bergab ~ durch den Schlagbaum.

Bank an der Wasserscheide

Willebadessen
11c
Eggetunnel
1
Skulpturenpark
L 828
Benediktinerinnenkloster
12a
nauer Kreuz
Fernmeldeturm
K 26
2
Hexenberg
330
L 828
Rickebach
Viadukt
L 763
Strohberg
385
5718
Mühlenberg
330
Hellebach
Kleiner Herrgott
4
Teutoniaklippen
5716
Teutonia
Bierbaums Nagel
Borlinghausen

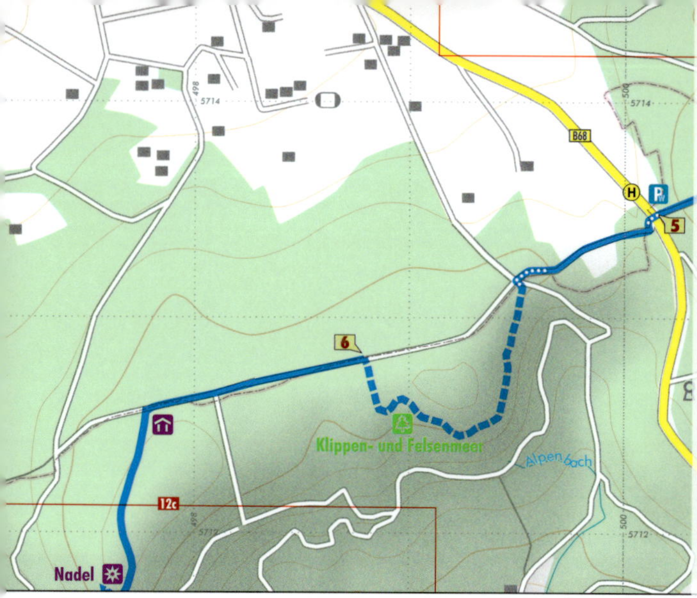

5 10,9 Schräg links über die **B 68** ⤳ an der Gabelung rechts auf einen geschotterten Weg ⤳ nach rund 700 m im Wald an der Kreuzung links ⤳ wenige Meter dahinter noch vor dem Schlagbaum rechts auf einen schmalen Pfad ⤳ für gut 1 km am Klippen- und Felsenmeer entlang.

Klippen- und Felsenmeer. Auf Hängen aus schroffen Sandstein-Felsen und Blockschutt finden sich Buchenwälder. Viele seltene und gefährdete Tierarten kommen zudem hier vor.

Blick von der Nadel

6 13,2 An der Forststraße links ⤳ etwa 1 km geradeaus und dieser folgen ⤳ nach dem

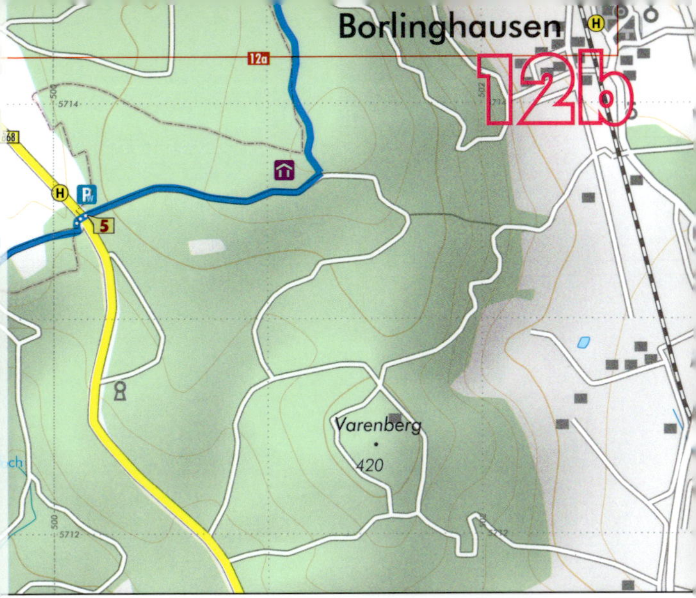

Unterstand links ⁓ halb links Richtung **Nadel** ⁓ Rechtsbogen beim Nadelblick.

Nadel. Der namengebende Natalenstein markiert die Grenze zwischen Hardehausen und Kleinenberg. Von hier genießt man eine hervorragende Aussicht über das Eggegebirge.

Linkskehre bergab ⁓ gerade über eine kleine Lichtung ⁓ rechts abbiegen auf einen steilen, schmalen Pfad ⁓ schräg links über die schmale Asphaltstraße ⁓ nach rund 300 m im **Schwarzbachtal** links ⁓ durch den Schlagbaum ⁓ an der **K 23** scharf rechts.

7 16,5 Brücke über den **Schwarzbach** ~ dahinter links und durch den Schlagbaum ~ nach wenigen Metern bei der **Jagdhütte** rechts und wegbegleitend zur Forststraße ~ nach 200 m für gut 100 m wieder auf die Forststraße ~ wieder rechts weg von der Straße und wegbegleitend ~ auf einer kleinen Brücke über einen Straßengraben ~ rechts abbiegen ~ Asphaltende ~ stets leicht bergauf durch den **Papengrund**.

Bleikuhlen bei Blankenrode

8 19,8 Nach gut 2 km scharf links ~ über eine kleine Holzbrücke ~ am **Jungfernbrunnen** von Blankenrode vorbei ~ Linksbogen.

✲ **Stadtwüstung Blankenrode.** Die kleine Burgstadt wurde Mitte des 13. Jhs. angelegt und diente rund 150 Jahre als Grenzfestung der Fürstbischöfe von Paderborn. Um 1390 wurde sie in der Bengeler Fehde zerstört. Heute kann man noch Reste der Ansiedlung erahnen. Erhalten ist lediglich der 5 m tiefe Jungfernbrunnen.

Eine Besonderheit der im13. Jahrhundert auf dem Sporn der südlichen Egge errichteten Grenzfestung war es, dass ein doppelter Mittelwall die Anlage zweiteilte. Dieser trennte die Stadt vom Königsweg, einer damals wichtigen Verkehrsverbindung. Östlich wohnten Burgmannen und Ritter, im Westteil hingegen lebten die Ackerbürger und Handwerker. Bis zu 1.000 Einwohner soll es in der Burgstadt gegeben haben.

An der Rundbefestigung rechts ~ durch eine kleine, weite Senke ~ Rechtsbogen und parallel zur Forststraße ~ rechts halten zu einer Infotafel ~ über die Wasserscheide zwischen Weser und Rhein ~ am **Parkplatz** Blankenrode die Asphaltstraße kreuzen, sofort danach links ~ an einem großen Holztisch und einem **Unterstand** vorbei am Ortsrand links bergab und rechts in die **Hardehauser Straße.**

9 **22,2** Nach 250 m haben Sie das Etappenziel **Blankenrode** erreicht.

Blankenrode

PLZ: 33165; Vorwahl: 02994

Haus Eggewald, Schulkamp 3, ✆ 485

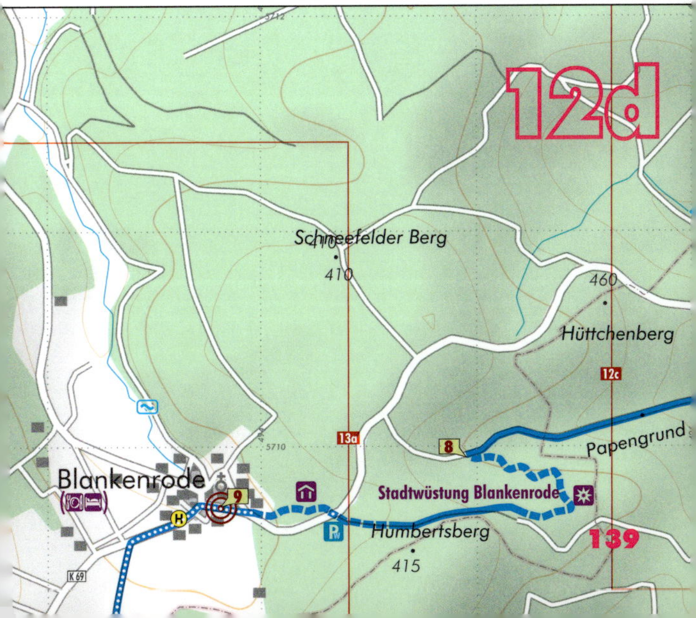

Etappe 13

Blankenrode – Obermarsberg

Länge: 17,2 km
Start: Blankenrode
Ziel: Obermarsberg
Gehzeit: 4 bis 4,5 Std.
Aufstieg: 310 m
Abstieg: 428 m
Hartbelag: 53 %
Spazierwege: 38 %
Wanderpfade: 9 %

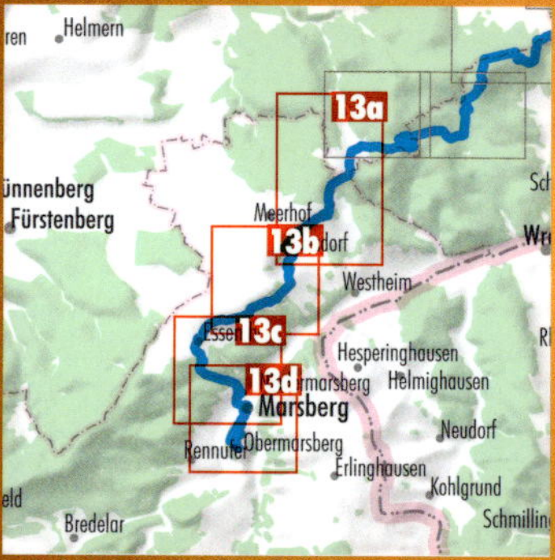

Weiter Blick übers Diemeltal

Charakteristik: Das Relief der Etappe ist wiederum leicht bewegt, am Ende steht ein markanter Abstieg, der Sie auf nur 2 Kilometern 175 Meter tiefer führt. Erstmals berührt der Eggeweg größere Ortschaften, und Sie wandern heute oft auf befestigtem Untergrund. Dazu bieten sich über den Großteil der Etappe weite Ausblicke über die Warburger Bördelandschaft.

Von Blankenrode geht es zunächst über die A 44 und weiter bis zum Rastplatz. Ab hier beginnt die freie Sicht nach Südosten. Sie steigen hinab ins verschlafene Städtchen Oesdorf. Von hier geht es wieder hinauf und entlang des Waldrandes bis Essentho, voraus ist schon Marsberg zu sehen. Hinter Essentho steigen Sie auf der alten Via Regia hinab ins Tal der Diemel. Am Ufer des Flüsschens gelangen Sie ins Zentrum von Marsberg und erreichen wenig später in Obermarsberg den Zielpunkt Ihrer Wanderung auf den Hermannshöhen.

Blankenrode

1 0,0 An der **K 69** links ⤳ nach rund 400 m links abbiegen ⤳ an den **Bleikuhlen** vorbei.

Eggeweg vor Oesdorf

Blankenroder Bleikuhlen. An dieser geologischen Verwerfungslinie bildeten sich im Lauf der Erdgeschichte Lagerstätten für Blei, Zink und Schwefeleisenerze. Über und unter Tage wurden diese über Jahrhunderte abgebaut. Nach Einstellung des Bergbaus 1927 entwickelte sich eine spezielle, heute naturgeschützte Flora. Ausschließlich hier kommt das Westfälische Galmeiveilchen vor.

Über die A 44 ⤳ an der Dreiergabelung dahinter halb rechts ⤳ nach knapp einem Kilometer über die kleine **Holzbrücke** ⤳ an einem Schlagbaum vorbei ⤳ dem Waldlehrpfad folgen.

2 3,0 Bei einem **Unterstand** treten Sie aus dem Wald.

TIPP: Von hier kommen Sie auf der Straße in 2 km direkt hinunter nach Oesdorf.

Hinter der Hütte rechts hoch in den Wald ⤳ oben dem Linksknick des Weges und dann auf dem Waldweg gut 100 m dem Waldrand folgen ⤳ kurz vor Eintritt in den Wald links auf den wurzeligen Pfad ⤳ aus dem Wald ⤳ rechts in den Weg entlang des Waldrandes ⤳ leicht bergab ⤳ der Weg mündet hinter dem ersten Haus in eine Asphaltstraße, hier links bergab.

Blick auf Oesdorf

13a
Schalksberg
Schneefelder Berg
Blankenrode
K 69
12d
Blankenroder Bleikuhlen
A 44
Tieberg
325
Felsberg
13b
Oesdorf
5710
5708
5706
492
494

Wiesenweg hinunter zur Kirche

200 m links in die Straße **Zur Hütte** ~ am Ende der Bebauung links halten und in die Hohlgasse ~ die Straße beschreibt den Berg hinauf einen weiten Linksbogen ~ bei der nächsten Einmündung von links weiter geradeaus ⚠ Ausschilderung widersprüchlich, nicht irritieren lassen.

3 4,5 Wenig später führt an einer **Aussichtsbank** ein einladender Wiesenweg in den Ort hinunter, Sie bleiben auf der Asphaltstraße.

TIPP: Es spricht nichts dagegen, der Einladung des Wiesenweges bis zur Kirche zu folgen.

80 m nach dem Ortseingangsschild links in den Wiesenpfad, ⚠ dieser ist zuletzt sehr steil und etwas geröllig ~ über eine steile Holzstiege geht es in den Ort hinunter.

Oesdorf

4 5,2 Am Ende der Holzstiege auf der **Felsbergstraße** nahe der Kirche links und gleich scharf rechts in die **Johannesstraße** ~ an der Gabelung links auf die große Asphaltstraße ~ nach einer Einmündung von links an der nächsten Gabelung links halten ~ an der nächsten Kreuzung, dem **Andreasplatz**, nach rechts ~ die Heitemeyerstraße überqueren und dem Verlauf der Straße **Zu den drei Linden** bergauf folgen ~ nach

5 6,4 Beim **Wasserwerk** haben Sie den höchsten Punkt des Anstiegs erreicht ~ direkt dahinter an der Gabelung rechts halten und unter Hochspannungsleitungen hindurch ~ kurz nachdem der Straßenbelag brüchiger wird, zweigen Sie rechts in den Waldweg ab ~ falls die Waldstraße zerfahren ist, gehen Sie am besten leicht rechts davon ~ der Weg verlässt den Wald und endet an einer Forststraße ~ rechts abbiegen und in einer Linkskurve bergauf ~ die Straße verlässt den Wald.

6 8,2 An der Kreuzung mit dem **Unterstand** geradeaus weiter auf einer Asphaltstraße ~ ab der Bebauung heißt die Straße **Eggeweg** ~ an der nächsten Kreuzung halblinks in die **Antoniusstraße** ~ dieser an der nächsten Gabelung rechts folgen.

Essentho

Auf dem Abstieg von Essentho nach Marsberg

7 10,3 An der T-Kreuzung mit der **Meerhofer Straße** links und geradeaus auf den linken Bürgersteig der **Fürstenberger Straße** ⁓ bei der dritten Möglichkeit rechts in die **Kardinal-Jäger-Straße**.

TIPP Etwas weiter die Fürstenberger Straße herunter bietet sich ein Fachwerk-Buswartehäuschen als Regenschutz.

⚠ An der **Kapellenstraße** nicht der Beschilderung folgend scharf rechts abbiegen, sondern links halten und ihrem Verlauf bis zur **Fürstenberger Straße** folgen ⁓ nach rechts und einige Meter auf dem Bürgersteig.

8 11,6 Über die Landstraße und am linken Straßenrand 20 m bis zur Einmündung ⁓ links in den Waldweg, 50 m später nicht scharf rechts, sondern rechts in den Waldweg mit Wiesennarbe ⁓ rechts fällt der Hang steil ab ⁓ nach einem Linksbogen steigt der Weg etwas ab ⁓ der Weg steigt weiterhin ab, bis die ersten Häuser von Marsberg zu sehen sind.

Zwischen Essentho und Marsberg verläuft der Eggeweg auf der alten Via Regia, einer einstigen Völkerstraße, im Mittelalter bedeutende Fernverbindung von Worms über Mainz bis nach Bremen. Sie war rechtlich dem König zugeordnet und genoss besonderen Friedensschutz. Namensgebend für zahlreiche Straßen dieser Art war die Via Regia vom Rhein über Frankfurt am Main, Eisenach, Leipzig und Bautzen bis nach Schlesien. Eine weitere führte von Menzlin nach Wismar in Mecklenburg-Vorpommern und zählte zu den wichtigsten Ost-West-Verbindungen ihrer Zeit.

Kurz vor der Landstraße wird der Weg etwas schlechter ⁓ über die **L 549** und links bis zur stark befahrenen **B 7** ⁓ auf deren Bürgersteig 75 m nach rechts ⁓ über die Straße und links den Spazierweg hinunter zum Fluss.

Bilsteinturm über Marsberg

9 13,7 Auf einer Brücke über ein Bächlein, scharf rechts und erneut übers Bächlein ⁓ auf einem Weg mit vielen Bänken am **Diemel-Ufer** entlang ⁓ in der Linkskurve kurzzeitig schmaler

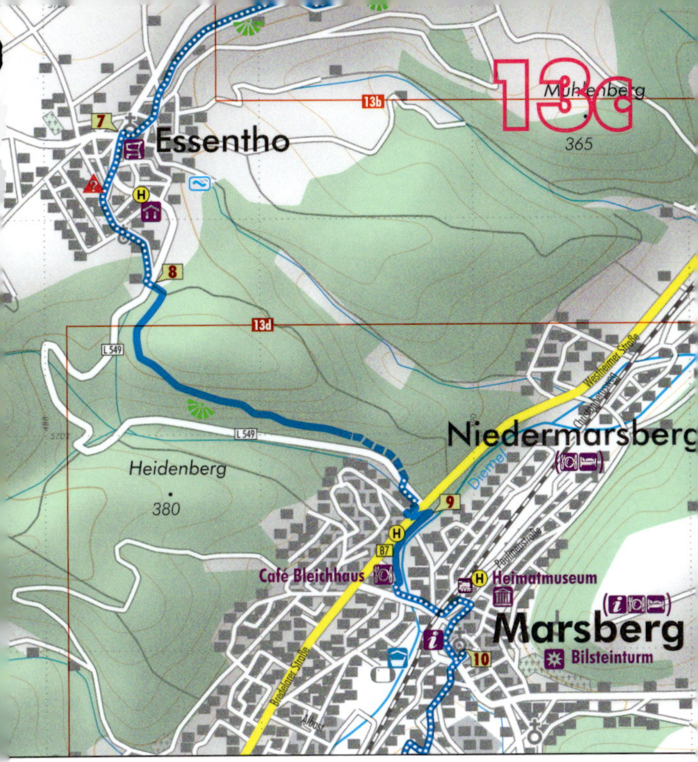

weiter auf dem Fußweg durch offenere Landschaft hinter der Holzbrücke an der Skulptur rechts und bis zur T-Kreuzung, wo sich ein **Café** befindet.

Café Bleichhaus mit eigener Bäckerei, An den Bleichen 3, 02992/5317, ÖZ: Di-So 13 Uhr, Okt.-März, So ab 12 Uhr

Links in die Straße **An den Bleichen**, gleich darauf an der **Lillersstraße** links halten und auf dem Bürgersteig bleiben über den Fluss und bis zum Bahnübergang, vor Ihnen liegt das Stadtzentrum direkt hinter den Gleisen links und in einer Rechtskurve bis zum **Bahnhof** vor der Bücherei Marsberg rechts in die gepflasterte **Altstadtstraße** geradeaus und über die geschäftige Hauptstraße in die **Bahnhofstraße** im Linksbogen am Kirchturm vorbei.

10 15,1 Am Fachwerkhaus auf der Ecke rechts in die **Casparistraße**

und leicht rechts versetzt über die befahrene Straße Weist ⇝ gleich links in die Straße **Bülberg** ⇝ dieser in einer weiten Rechts-Linkskurve folgen ⇝ kurz vor Ende der Linkskurve geradeaus in den Waldweg und sanft den Hang hinauf ⇝ beim einmündenden Waldweg im spitzen Winkel links und weiter hinauf ⇝ vorbei unterhalb des **Buddenturms** ⇝ im Rechtsbogen um ein Gebäude herum und direkt dahinter rechts ⇝ kurz hoch zum Weg und dort links ⇝ 100 Meter später rechts ⇝ an der Gabelung nach dem Friedhof links in die **Eresburgstraße** ⇝ dieser bis zum **Kaiser-Karl-Platz** folgen.

TIPP Wochentags verkehrt in größeren Abständen ein Bus zum Bahnhof in Marsberg.

11 17,2 Sie haben das Ende Ihrer Wanderung auf dem Fernwanderweg Hermannshöhen erreicht.

Marsberg

PLZ: 34431; Vorwahl: 02992

Stadtmarketing Marsberg e. V., Bäckerstr. 8, ✆ 3388 und 8200

Frühgotische **Nikolaikirche** (1247)

Stiftskirche (1250), dreischiffige romanische Kirche auf dem höchsten Punkt des Berges in Obermarsberg.

Bilsteinturm (1890). Der Aussichtsturm hat eine Höhe von 26 m und steht 133 m über dem Zentrum von Marsberg.

Altes Rathaus (13. Jh.) mit Schandpfahl, Münzstr. 2. Unmittelbar hier fand im Mittelalter die Rechtsprechung statt.

Besucherbergwerk Kilianstollen, ✆ 6021 bzw. 4366. Erinnert wird an die 1.000 Jahre alte Tradition des Kupferbergbaus in der Region.

Hallenbad & Saunalandschaft, Jahnstr. 9-11, ✆ 3078, ÖZ: Sa, So/Fei 7-17 Uhr, Di-Fr 14-21 Uhr. Im Sommer mit Liegewiesen und Strandkörben.

Marsberg ist eine Doppelstadt, die sich aus den Städten Niedermarsberg, der lebhaften Stadt im Diemeltal, und dem auf dem Eresberg gelegenen beschaulichen Obermarsberg mit seinen Höhlen, Felswänden und weiten Blicken zusammensetzt.

Auf dem sagenumwobenen Eresberg, dem Erzberg, soll in den Kalksteinlabyrinthen des Berges Fafnir, Sohn des Riesen Hreidmar, in Gestalt eines Drachen den Schatz der Nibelungen bewacht haben. Als dieser einmal zum Wasser kroch, soll er von Siegfried auf der Gnitaheide erschlagen worden sein.

Es freut uns ganz besonders, dass Sie für Ihre Wanderung auf dem Fernwanderweg Hermannshöhen® unseren Wanderführer als Ihren Begleiter gewählt haben. Wir hoffen, dass Sie damit zufrieden waren und Freude daran hatten. Das hikeline-Team freut sich, wenn Sie in Zukunft wieder einmal auf ein Buch aus unserer neuen Serie zurückgreifen. Wir wünschen Ihnen eine gute Heimreise!

Hikeline
Neuerscheinungen 2009
Die brandneue Serie
zu den schönsten Wanderzielen
Hikeline
Fernwanderweg
Via Claudia Augusta
Wanderführer und Karte
1:50.000
Hikeline
Fernwanderweg
Fränkischer Gebirgsweg
Wanderführer und Karte
1:35.000
Hikeline
Fernwanderweg
Hermannshöhen
Hermannsweg · Eggeweg
Wanderführer und Karte
1:35.000
Hikeline
Fernwanderweg
Saar-Hunsrück-Steig
Wanderführer und Karte
1:35.000
Hikeline
Fernwanderweg
Spessartwege
Wanderführer und Karte
1:35.000
Hikeline
Fernwanderweg
66-Seen-Wanderweg
Regionalparkroute
Wanderführer und Karte
1:50.000
Hikeline
Fernwanderweg
Malerweg
Wanderführer und Karte
1:35.000
Hikeline
Fernwanderweg
Panoramaweg Taubertal
Wanderführer und Karte
1:35.000
NEU:
Schweißfest und wasserabweisend
Unser komplettes Programm finden Sie unter: www.esterbauer.com

Übernachtungsverzeichnis

Dieses Verzeichnis beinhaltet folgende Übernachtungskategorien:

H	Hotel
Hg	Hotel garni
Gh	Gasthof, Gasthaus
P	Pension, Gästehaus
Pz	Privatzimmer
BB	Bed and Breakfast
Fw	Ferienwohnung (Auswahl)
Bh	Bauernhof
Hh	Heuhotel
	Jugendherberge, -gästehaus
	Campingplatz
	Zeltplatz (Naturlagerplatz)

Die Auflistung erhebt keinen Anspruch auf Vollständigkeit und stellt keine Empfehlung der einzelnen Betriebe dar.

Die römische Zahl (I-VII) nach der Telefonnummer gibt die Preisgruppe des betreffenden Betriebes an.

Folgende Unterteilung liegt der Zuordnung zugrunde:

I	unter € 15,–
II	€ 15,– bis € 23,–
III	€ 23,– bis € 30,–
IV	€ 30,– bis € 35,–
V	€ 35,– bis € 50,–
VI	€ 50,– bis € 70,–
VII	über € 70,–

Die Preisgruppen beziehen sich auf den Preis pro Person in einem Doppelzimmer mit Du-

Qualitätsgastgeber Wanderbares Deutschland

Gütesiegel für wanderfreundliche Gastgeber

QUALITÄTSGASTGEBER
(c) Deutscher Wanderverband
WANDERBARES DEUTSCHLAND

In den Kriterien zum „Qualitätsgastgeber Wanderbares Deutschland" spiegeln sich die Bedürfnisse und Ansprüche des Wanderers von heute wider. Der Übernachtungsbetrieb wird nach 21 Kernkriterien und 15 Wahlkriterien überprüft. Dazu gehören:

- *Lage (u. a. Anschluss Wanderwegenetz, Wanderregion)*
- *Ausstattung (u. a. Klassifizierung, Trockenraum)*
- *Service (u. a. Gepäcktransport, persönliche Atmosphäre)*
- *Wanderkompetenz (u. a. Tourentipps, Wanderberatung)*
- *Wanderinformation (u. a. Kartenmaterial, ÖPNV-Pläne)*
- *Küche (gesundes Frühstück, regionale Gerichte)*

Vor Ort untersuchen vom Deutschen Wanderverband geschulte Experten die interessierten Hotels, Pensionen und Ferienwohnungen und inzwischen auch Einkehrbetriebe auf ihre Wanderfreundlichkeit ... so wird Wanderqualität deutschlandweit transparent.

Eine Auflistung der aktuell zertifizierten Qualitätsgastgeber finden Sie unter **www.wanderbares-deutschland.de**

sche oder Bad inkl. Frühstück. Übernachtungsbetriebe mit Zimmern ohne Bad oder Dusche, aber mit Etagenbad, sind durch das Symbol ✗ nach der Preisgruppe gekennzeichnet.

Beherbergungsbetriebe, die einen Gepäcktransfer anbieten, sind mit dem Zeichen ⊟ markiert.

Da wir das Verzeichnis stets aktuell halten möchten, sind wir für Mitteilungen bezüglich Änderungen jeder Art dankbar. Der einfache Eintrag erfolgt für die Betriebe natürlich kostenfrei.

Rheine

PLZ: 48429, 48431, 48432; Vorwahl: 05971

H City Club Hotel, Humboldtplatz 8-10, ✆ 80800, VI
H Lücke, Heiliggeistplatz 1a, ✆ 16180, VI
H Mühlenhof, Surenburgstr. 77, ✆ 64374, V
H Tristan Grün, Neuenkirchener Str. 254, ✆ 913304, IV
H Zum alten Brunnen, Dreierwalderstr. 27, ✆ 961715, VI
H Altes Gasthaus Rielmann, Bergstr. 229, ✆ 98780, V
H Altstadthotel, Tiefe Str. 30-32, ✆ 804040. , V
H Autohof Salzbergen Motel, Holsterfeld 2, ✆ 97260, IV
H Borchert, Hopstener Damm 260, ✆ 98960, V
H Cockpit, Surenburger Str. 341, ✆ 8029761, III
H Gottesgabe, Salinenstr. 101, ✆ 13205, VI
H Johanning, Breite Str. 131, ✆ 3886, III
H Landhotel Hopster, Alte Hopstener Str. 26, ✆ 961620, III-IV
H TaT, Hovesaatstr. 6, ✆ 990100, III
H Torhaus Kloster Bentlage, Bentlager Weg 130, ✆ 918402, V
Hg Freye, Borneplatz-Emsstr. 1a, ✆ 899260, V
Gh Hansa-Hof Wenker, Osnabrücker Str. 273, ✆ 72130, II
P Eyni, Hauenhorster Str. 46, ✆ 899140, III
P Am Kanalhafen, Hafenstr. 8, ✆ 401494, III
P Gude, Birkenallee 133, ✆ 81395, III
Pz Winkelkotte, Konrad-Adenauer-Ring 170, ✆ 162330, II
Pz Auf der Stadtmauer, Münstermauer 25, ✆ 914032, III
Pz Kaszubowski, Bevergerner Str. 129, ✆ 806765, IV
Jugendherberge Rheine, Kopernikusstr. 82, ✆ 2407, II

Elte

PLZ: 48432; Vorwahl: 05975

Gh Zum Hellhügel, Roßweg 1, ✆ 8148, III-IV
Gh Zum Splenterkotten, Ludgerusring 44, ✆ 285, V
P Fendesack, Flödderstr. 60, ✆ 1445,

Hörstel

PLZ: 48477; Vorwahl: 05459

H XtraGleis, Bahnhofstr. 52, ✆ 80490, IV, ⊟
H Haus Hilckmann, Ostwalder Str. 1, ✆ 7513, IV
P Zum Deutschen Haus, Rheiner Str. 1, ✆ 8317, IV
Erholungsanlage Hertha-See, Herthaseestr. 70, ✆ 1008,

Bevergern

H Akzent Hotel Saltenhof, Kreimerhoek 71, ✆ 4051, V
P Zum Adler, Lange Str. 35, ✆ 8312, IV

Gravenhorst

H Seecafé, Friedrich-Wilhelm-Str. 42, ✆ 972990, IV

Bergeshövede

P Gasthof Hagel-Jansen, Kanalstr. 81, ✆ 7129, II
P Gasthof Am Nassen Dreieck, Am Hafen 15, ✆ 1571, III

Riesenbeck

Vorwahl: 05454

H Landgasthaus Birkenhof, Saerbecker Damm 261, ✆ 7630, III
H Stratmann, Sünte-Rendel-Str. 5, ✆ 93070, IV

Ibbenbüren

PLZ: 49477, 49479; Vorwahl: 05451

H Brügge, Münsterstr. 201, ✆ 94050, IV
H Nüse, Trüsseldick 83, ✆ 94160, V
H Lengermann, Osnabrücker Str. 33, ✆ 9350, V

Gh Gasthof Kunze, Poststr. 12, ✆ 2538, IV

Lehen

H Hubertushof, Münsterstr. 222, ✆ 94100, V

Laggenbeck

H Landgasthof Mühlenkamp, Bocketaler Str. 142, ✆ 996420, II

Dörenthe

PLZ: 48477; Vorwahl: 05455

Campingplatz Eichengrund, Im Brock 2, ✆ 521,

Campingplatz Dörenther Klippen, Münsterstr. 419, ✆ 2553,

Tecklenburg

PLZ: 49545; Vorwahl: 05482

H Bismarckhöhe, Am Weingarten 43, ✆ 233, V

H Budke, Lengericher Str. 10, ✆ 93950, II

H Drei Kronen, Landrat-Schulz-Str. 15, ✆ 225, V

Gh Landhaus Sundern, Sunderstr. 52, ✆ 93830, III

P Gästehaus Konermann, Landrat-Schulz-Str. 19, ✆ 1623, I

P Gurk, Ibbenbürener Str. 38/40, ✆ 1526 od. 6098, I

Jugendherberge Tecklenburg, Am Herrengarten 5, ✆ 360, II

Brochterbeck

H Ringhotel Teutoburger Wald, Im Bocketal 2, ✆ 93000, V,

P Gasthof Zu den Klippen, Moorstr. 33, ✆ 1049, I

P Landhauspension Upmeyer, Dorfstr. 49, ✆ 1491, II

Campingplatz Schöpker, Am Knoblauchsberg, ✆ 925212 od. 396,

Campingplatz Brochterbeck, Im Bocketal 12, ✆ 05455/1760,

Ledde

P Gasthof Hüsing, Sundernstr. 24, ✆ 228, II

Leeden

Vorwahl: 05456

H Jagdschloss Habichtswald, Am Habichtswald 12, ✆ 93430, II

Regenbogen Camp, Grafenstr. 31, ✆ 05405/1007,

Lengerich

PLZ: 49525; Vorwahl: 05481

H Altes Landhaus Schröer, Lienener Str. 35, ✆ 327574, VI

H Haus Werlemann, Altstadt 8, ✆ 93840, III

H Hinterding, Bahnhofstr. 72, ✆ 94240, VI

H Waldhotel Hilgemann, Ringeler Str. 197, ✆ 93960, IV

H Zur Mühle, Tecklenburger Str. 29, ✆ 94470, V

Gh Gasthof Prigge, Brochterbeckerstr. 60, ✆ 05482/97212, II

Gh Landgasthof Strothmann, Wechter Mark 15, ✆ 05482/1211, II

Pz Scherff, Fontanestr. 5, ✆ 846623, V

Pz Restaurant Argentina, Lienener Str. 45, ✆ 38405, II

Campingplatz Auf dem Sonnenhügel, Zur Sandgrube 40, ✆ 6216,

Lienen

PLZ: 49536; Vorwahl: 05483

H Waldschlößchen, Holperdorper Str. 31, ✆ 1081, IV,

H Landgasthaus Jägerhof, Hauptstr. 1, ✆ 217, IV

Gh Altes Farmhaus, Zum Teich 1, ✆ 8363, IV

P Ferienhof Sander, Am Ölmühlenbach 6, ✆ 1700, III

P Im kleinen Haus, Iburger Str. 11, ✆ 7654, IV

P Kellermeyer, Gausebreede 14, ✆ 749596, II

Eurocamp, Holperdorp 44, ✆ 290,

Höste

Tourist-Information, Diekesdamm 1, ✆ 724010,

P Quiller, Ellerhooksweg 1, ✆ 8368, II

P Bauernhofpension Telljohann, Ellerhooksweg 6, ✆ 248, II

P Reiterhof Hunsche, Reiterweg 5, ✆ 574, III

P Lütkeschümer, Lengericher Str. 36, ✆ 1405, II

P Gasthof Haus Wittmann, Lengericher Str. 60, ✆ 05481/6289, IV

Hagen am Teutoburger Wald

PLZ: 49170; Vorwahl: 05401

H Landhotel-Café Buller, Iburger Str. 35, ✆ 8840, V

P Gasthof Zur Hüggelschlucht, Zur Hüggelschlucht 34, ✆ 05405/94000, IV

P Kasselmann, Zum Erikasee 8, ✆ 9591, I

Bad Iburg

PLZ: 49186; Vorwahl: 05403

H Im Kurpark, Philipp-Sigismund-Allee 4, ✆ 4010, V,

H Zum Dörenberg, Osnabrücker Str. 145, ✆ 73240, V,

H Altes Gasthaus, Schloßstr. 1, ✆ 311 od. 9534, IV

H Landidyll Zum Freeden, Zum Freeden 41, ✆ 4050, V

H Waldhotel Felsenkeller, Charlottenburger Ring 46, ✆ 74700, IV

H Zum Urberg, Amtsweg 19, ✆ 2440, V

P Haus Sonnenwinkel, Am Urberg 24, ✆ 1028, II

Pz Haus Gladbeck, Tegeler Weg 5, ✆ 1054, II

Pz Haus Otte, Robert-Hülsemann-Str. 38, ✆ 2589, II

Pz Haus Rohm, Tegelheide 49, ✆ 5948, II

Ostenfelde

H Royal Garden, Lienener Str. 22, ✆ 79835,

Glane

H Gasthaus Tovar, Am Thie 5, ✆ 1426 od. 2267, III

H Gasthof Uthmann, Bielefelder Str. 27, ✆ 2234, IV

Gh Gasthaus Wiemann-Sander, Kirchstr. 7, ✆ 2475, IV

Jugendherberge, Offenes Holz 1, ✆ 74220,

Hilter a.T. W.

PLZ: 49176; Vorwahl: 05409, 05424

H Hotel Wacker, Münsterstr. 29, ✆ 05424/3145, II

Gh Altes Gasthaus Ellerweg, Osnabrücker Str. 45, ✆ 05409/321, IV

Fw Larmann, Freedenweg 15, ✆ 05424/37396, II

Fw Harländer, Südbergstr. 51, ✆ 05424/3193, II

Dissen

PLZ: 49205; Vorwahl: 05424

Gh Landgasthaus Zum Keilerwirt, Osnabrücker Str. 61, ✆ 1517, IV

Borgholzhausen

PLZ: 33829; Vorwahl: 05425

Touristinformation, Masch 2, ✆ 807-62,

Gh Plaza Krystyna, Königsberger Str. 13, ✆ 341, II

Gh Spiekerhof, In Wichlinghausen 11, ✆ 7134, I

Gh Gasthof Miraxolix, Kleines Moor 22, ✆ 930666, III

P Süß, Goethestr. 8, ✆ 5223, II

Pz Rexmann, Am krummen Acker 2, ✆ 6644, III

Barnhausen

H Landgasthof Potthof, Barnhauser Str. 3, ✆ 7012, III

Holtfeld

Gh Gasthof Brune, Stockkämper Str. 18, ✆ 1732, II

Halle/Westfalen

H Gerry Weber Sportpark Hotel, Weststr. 16, ✆ 8990, VII,

Halle/Westfalen

PLZ: 33790; Vorwahl: 05201H Buchenkrug, Osnabrücker Str. 52, ✆ 2526, II

H Hollmann, Alleestr. 20, ✆ 81180, V

H Landpension-Hotel Dröge, Ascheloher Weg 72, ✆ 87333, V

Hg St. Georg, Winnebrockstr. 2, ✆ 81040, III

P Kley, Osnabrücker Str. 36, ✆ 3495, III

Hesseln

PLZ: 33790; Vorwahl: 05425

Gh Waldgasthaus Hessetal, Hessetal 10, ✆ 3270, III

Werther (Westfalen)

PLZ: 33824; Vorwahl: 05203

H Bergfrieden, Isingdorfer Weg 33, ✆ 97220, V

H Gasthof Weinhorst, Engerstr. 123, ✆ 5868, III

H Stadthotel Werther, Alte Bielefelder Str. 24, ✆ 974141, V

P Schebaum, Egge 29, ✆ 4688, I

Steinhagen

PLZ: 33803; Vorwahl: 05204

H Berghotel Quellental, Im Quellental 10, ✆ 3037, IV

Bielefeld

PLZ: 33602; Vorwahl: 0521

H Waldhotel Brand's Busch, Furtwänglerstr. 52, ✆ 92110, V,

H Altstadt Hotel Bielefeld, Ritterstr. 15, ✆ 967250, V

H Bartsch, Viktoriastr. 54, ✆ 65276, I

H Park Inn Bielefeld, Am Johannisberg 5, ✆ 92380, V

H Im Winkel, Otto-Brenner-Str. 156, ✆ 297963, IV

H Mercure City, Waldstr. 15, ✆ 52800, VI

H Tulip Inn Bielefeld, Niederwall 31-35, ✆ 52530, V

H Mövenpick Hotel Bielefeld, Am Bahnhof 3, ✆ 52820, VI

H Ravensberger Hof, Güsenstr. 4, ✆ 96211, VI

H Wali's Hotel, August-Bebel-Str. 83-85, ✆ 96320, IV

Hg Stadt Bremen, Bahnhofstr. 32, ✆ 521980, V

P Welle 42, Welle 42, ✆ 173895, III

Jugendgästehaus Bielefeld, Hermann-Kleinewächter-Str. 1, ✆ 522050, III

⛺ Campingpark Meyer zu Bentrup, Quelle/ Vogelweide 9, ✆ 4592233,

Dornberg

PLZ: 33619, 33739; Vorwahl: 0521

H Waldhotel Peter auf'm Berge, Bergstr. 45, ✆ 911260, IV

⛺ Campingplatz Schröttinghausen, Plackenweg 4, ✆ 445338,

Brackwede

PLZ: 33647, 33649; Vorwahl: 0521

H Vier Taxbäume, Hauptstr. 65, ✆ 942190, IV

H Büscher, Carl-Severing-Str. 136, ✆ 946140, IV

H Classic-Hotel Wiebracht, Cheruskerstr. 35, ✆ 942230, V

Sieker

PLZ: 33607; Vorwahl: 0521

H Brenner Hotel Diekmann, Otto-Brenner-Str. 133-135, ✆ 29990, IV

Stieghorst

PLZ: 33699, 33605; Vorwahl: 0521

H Etap Hotel Bielefeld City Ost, Detmolder Str. 314, ✆ 9223520, II

H Hillegosser Hof, Detmolder Str. 548, ✆ 924510, IV

H Senator Business Hotel, Sonderburger Str. 3, ✆ 164580, IV

H Stiller Friede, Selhausenstr. 12-14, ✆ 2399744, IV

Ubbedissen

PLZ: 33699; Vorwahl: 0521

H Schweizer Haus, Christophorusstr. 23, ✆ 924290, IV

🏠 Familien-Ferienheim Teutoburg, Detmolder Str. 738, ✆ 05202/998734, I

Oerlinghausen

PLZ: 33813; Vorwahl: 05202

H Parlando, Hauptstr. 32, ✆ 99363, V

H Am Tönsberg, Piperweg 17, ✆ 6501, IV

H Altes Gasthaus Nagel, Hauptstr. 43, ✆ 99363, V

Gh Berggasthof Tönsberghöhe, Kammweg 7, ✆ 2508, III

P Gräber, Friedrichstr. 3, ✆ 4295, III

🏠 Naturfreundehaus Bielefeld, Welschenweg 111, ✆ 2394, I

🏠 Jugendherberge Oerlinghausen, Auf dem Berge 11, ✆ 2053, II

Währentrup

H Mügge, Währentruper Str. 59-61, ✆ 3599 od. 91460, V

Lage-Hörste

PLZ: 32791; Vorwahl: 05232

P Zum Viensbühl, Am Freibad 19, ✆ 89031,

P Verdi-Institut für Bildung, Medien und Kunst, Teutoburger_Wald-Str. 105, ✆ 9830,

H Hörster Krug, Teutoburger-Wald-Str. 1, ✆ 88945, IV

P Haus Berkenkamp, Im Heßkamp 50, ✆ 71178, IV, 🚲

P Haus Sternberg, Am Sternberg 6, ✆ 88682, II

P Ev. Haus Stapelage, Billinghauser Str. 3-9, ✆ 8196,

🏠 Jugend- und Freizeitheim, Teutoburger-Wald-Str. 54, ✆ 2900,

Leopoldshöhe, Asemissen

PLZ: 33818; Vorwahl: 05202

Gh Gästezimmer Oerlinghausen, Unter den Eichen 14, ✆ 992754, I

Detmold

PLZ: 32756; Vorwahl: 05231

Pz Plöger, Vor der Recke 9, ✆ 47265, I

🏠 Jugendherberge Detmold, Schirrmannstr. 49, ✆ 24739, II

⛺ Campingplatz Quellental, Quellenstr. 53, ✆ 01520/2851915,

Pivitsheide

PLZ: 32758; Vorwahl: 05231

H Forellenhof, Gebrüder-Meyer-Str. 50, ✆ 98500, V

Heiligenkirchen

PLZ: 32760; Vorwahl: 05231

H Achilles, Paderborner Str. 87, ✆ 94630, IV

H Das Idyll, Am Bosenberg 10, ✆ 47419, IV

Gh Gästhof Wald-Café, Plaßkampweg 40, ✆ 47686, I

Pz Graudenz, Am Waterhof 36, ✆ 48869 od.48263, III

Berlebeck

H Landhaus Hirschsprung, Paderborner Str. 212, ✆ 8785000, V, 🚲

H Kanne, Paderborner Str. 155, ✆ 94680, I

Gh Gästehaus Berg-Café, Hangsteinstr. 1, ✆ 47569, II

P Jäger, Tannenstr. 21, ✆ 47209, I
P Haus am Wasserfall, Schlehenweg 3a, ✆ 94240, III
Pz Sand, Sperberweg 7, ✆ 47307, I
Pz Plöger, Vor der Recke 9, ✆ 47265, II
Pz Söpper, Forstweg 24, ✆ 46167, II
Pz Troschinski, Pulverweg 16, ✆ 565979, II

Horn-Bad Meinberg, Holzhausen-Externsteine

PLZ: 32805; Vorwahl: 05234
H Teutonia Hotel, Allee 19, ✆ 879400, V,
H Waldhotel Bärenstein, Am Bärenstein 44, ✆ 2090, III,
H Wanderhotel Waldesruh, Ruheweg 8, ✆ 2416, II,
H vitalhotel Zum Stern, Brunnenstr. 84, ✆ 9050, VI,
H Landhotel Haus Weber, Hasenwinkel 4, ✆ 84930, II
Gh Gästehaus Havergoh, Brunnenstr. 67, ✆ 9754, III,
P Haus Sonnenschein, Vogeltaufe 19, ✆ 3259, I

Horn

H Waldschlößchen, Paderborner Str. 33, ✆ 84140, I
Gh Gästehaus Friedrich-Blecher-Haus, Bockstal 2, ✆ 84970, I
Gh Café-Pension Roog, Mittelstr. 89, ✆ 2241, I

Leopoldstal

H Landhaus Blumengarten, Bangern 17, ✆ 3186, III,
H Gut Rothensiek, Rothensieker Weg 50, ✆ 20070, V
H Leopoldstaler Hof, Leopoldstaler Str. 184, ✆ 5000, I
H Waldhotel Silbermühle, Neuer Teich 57, ✆ 2222, V
P Haus Peter, Silbergrund 28, ✆ 3771, II

Steinheim-Sandebeck

PLZ: 32839; Vorwahl: 05238
H Germanenhof, Teutoburgerwaldstr. 29, ✆ 98900, II,

Altenbeken

PLZ: 33184; Vorwahl: 05255
H Hotel-Pension Mertens, Christian-Schütze-Str. 1, ✆ 207, III,
H Bahnhofshotel, Bahnhofstr. 12, ✆ 930483, II
H Gasthof Am Rehberg, Am Siep 55, ✆ 6164, II
Fw Schünemann, Schwarzer Weg 8, ✆ 6975, I

Bad Driburg

PLZ: 33014; Vorwahl: 05253
H Eggenwirth, Mühlenstr. 17, ✆ 97920, V,
H Hotel Schwallenhof, Brunnenstr. 34, ✆ 981300, V,
H Hotel Neuhaus, Steinbergstieg 18-20, ✆ 4080, V,
H Hotel Böhler, Hinter dem Rosenberg 2, ✆ 1235, V,
H Wohlfühlhotel Waldcafé Jäger, Waldstr. 1, ✆ 93390, IV-V,
H Gräflicher Park Hotel und Spa, Im Kurpark, ✆ 95230, VII
H Restaurant-Café Am Rosenberg, Hinter dem Rosenberge 22, ✆ 97970, V
Gh Gästehaus Steker, Steinbergstieg 46, ✆ 2594, VI
P Haus am Kurpark, Brunnenstr. 18, ✆ 97980, III,
P Café-Pension Ethner, Detmolder Str. 4, ✆ 1845, III,
P Haus Rasche, Gräfin-Margarete-Allee 6, ✆ 981910, IV,
P Bauernhofpension Klaholt, Nordfeldmark 6, ✆ 940257, II
P Falkenhöhe, Steinbergstieg 16, ✆ 3445, III
Pz Fischer, August-Sommer-Str. 20, ✆ 05274/8953, III
Pz Haus Spieker, Drudenweg 7, ✆ 6102, I

Lichtenau, Herbram Wald

PLZ: 33165; Vorwahl: 05659
Hg Haus Barbara, Eggering 42, ✆ 215, IV
P Waldpension Küchmeister, Eggering 10-12, ✆ 98550, III

Lichtenau, Kleinenberg

PLZ: 33165; Vorwahl: 05647
H Zur Niedermühle, Niedermühlenweg 7, ✆ 252, III
H Gasthaus Engemann, Hauptstr. 4a, ✆ 230, III

Neuenheerse

PLZ: 33014; Vorwahl: 05259
P Glunz, Sonnenweg 9, ✆ 620, III
Fw Witte, Am Hoppenberg 2, ✆ 216, I
Fw Gut Wertheim, Gut Wertheim, ✆ 8161, IV o. F.,
Fw Haus Barbara, Walburgastr. 23, ✆ 725, I

Fw Ingrid Pastoors, Asseburgerstr. 4, ✆ 212, I
Campingplatz am Nethestausee, Stiftsstraße 3, ✆ 512,

Willebadessen

PLZ: 34439; Vorwahl: 05646
P Haus Dorothea, Augustin-Gockel-Weg 9, ✆ 201, I
Gh Gaststätte Klocke, Lange Str. 3, ✆ 210, II
Gh Deutsches Haus, Lange Str. 32, ✆ 652,
H Der Jägerhof, Am Jägerpfad 4-6, ✆ 8010, V
P Gasthof Tillmann, Im Dorf, ✆ 05644/452, II
P velcrea Seminarzentrum, Alter Markt 5, ✆ 9437202, I
P Haus Herzog, Bachstr. 5, ✆ 658, V
P Haus Daheim, St. Sebastian-Str. 3, ✆ 203, III

Lichtenau, Blankenrode

PLZ: 33165; Vorwahl: 02994
H Haus Eggewald, Schulkamp 3, ✆ 458, V,
P Zur Altenauquelle, Zur Altenauquelle 20, ✆ 02994/385, III
P Café Haus Dewenter, Zur Altenauquelle 30, ✆ 780, III

Warburg, Hardehausen

PLZ: 34414; Vorwahl: 05642
H Haus Varlemann, Blankenroder Str. 1, ✆ 94573, IV
Jugendhaus Hardehausen, Abt-Overgaer-Str. 1, ✆ 60090,

Marsberg

PLZ: 34431; Vorwahl: 02992
Stadtmarketing Marsberg e. V., Bäckerstr. 8, ✆ 8200 u. 3388,
H Café Beverungen, Hauptstr. 43, ✆ 2422, IV
H Marsberger Hof, Dr. Rentzing-Str. 4, ✆ 908568, IV
H Landgasthof Mücke, Stobkeweg 8, ✆ 2629, V
H Stadt Marsberg, Schildstr. 4, ✆ 977696, IV
Gh Landgasthof Bei Steggers, Kohlbettstr. 3, ✆ 2183, III
P Meisterernst, Sauerlandstr. 28, ✆ 02991/416, III
P Zeitlers Restaurant, Trift 1, ✆ 655277, V
P Gästehaus Waldsiedlung, Aachner Str. 5-7, ✆ 908786, II
Fw Hauck, Schillerstr. 3, ✆ 2325, I
Fw Erwin Krause, Amselweg 2, ✆ 3308, I
Fw Isabel Schneider-Laskievicz, Germanenweg 4, ✆ 3463, I

Ortsindex

Einträge in *grüner Schrift* beziehen sich aufs Übernachtungsverzeichnis.

Ihre Reisenotizen

Ihre Reisenotizen